El nombre de Dios es misericordia

EL NOMBRE DE DIOS
ES MISERICORDIA

Una conversación con Andrea Tornielli

PAPA FRANCISCO

Traducción de M.ª Ángeles Cabré

RANDOM HOUSE

NEW YORK

Edición 2016 en rústica de Random House Trade Paperback

Título original: The Name of God Is Mercy

Derecho de propriedad literaria © 2016 por Edizioni Piemme Spa, Milán

Apéndice derecho de propriedad literaria © 2016 por Libreria Editrice Vaticana, Ciudad del Vaticano
Traducción derecho de propriedad literaria © 2016 por María Ángeles Cabré

Publicado en los Estados Unidos de América por Random House división de Penguin sello y Random House LLC, New York.

RANDOM HOUSE y su colofón HOUSE son marcas registradas de Penguin Random House LLC.

La versión original fue publicada en tapa dura y en forma diferente en los Estados Unidos de América por Random House, sello y división de Penguin Random House LLC en 2016.

Traducción español por María Ángeles Cabré, utilizado por acuerdo con Editorial Planeta, S.A.

ISBN 978-0-399-58878-5
ebook ISBN 978-0-399-58879-2

Impreso en los Estados Unidos de América sobre papel alcalino

randomhousebooks.com

10 9 8 7 6 5 4 3 2 1

Y Jesús dijo también a algunos que se tenían por justos y despreciaban a los demás esta parábola: «Dos hombres subieron al templo a orar; uno fariseo, otro publicano. El fariseo, de pie, oraba en su interior de esta manera: "¡Oh, Dios! Te doy gracias porque no soy como los demás hombres, rapaces, injustos, adúlteros, ni tampoco como este publicano. Ayuno dos veces por semana, doy el diezmo de todas mis ganancias". En cambio, el publicano, manteniéndose a distancia, no se atrevía ni a alzar los ojos al cielo, sino que se golpeaba el pecho, diciendo: "¡Oh, Dios! ¡Ten compasión de mí, que soy pecador!". Os digo que éste bajó a su casa justificado y aquél no. Porque todo el que se ensalce, será humillado; y el que se humille, será ensalzado».

Lucas 18, 9-14

La mirada de Francisco

La mañana del domingo 17 de marzo de 2013, Francisco celebraba su primera misa con el pueblo tras su elección como obispo de Roma, que había tenido lugar la tarde del miércoles anterior. La iglesia de Santa Ana del Vaticano, que se halla a dos pasos de la homónima puerta de entrada al Estado más pequeño del mundo y que hace las funciones de parroquia para los habitantes de Borgo Pio, estaba repleta de fieles. También yo estaba allí con algunos amigos. Francisco ofreció en aquella ocasión su segunda homilía como papa, hablando sin tapujos: «El mensaje de Jesús es la misericordia. Para mí, lo digo desde la humildad, es el mensaje más contundente del Señor».

El pontífice comentaba el fragmento del Evangelio de san Juan que habla de la adúltera, la mujer que los escribas y los fariseos estaban a punto de lapidar tal como prescribía la Ley de Moisés. Jesús le salvó la vida. Pidió a quien estuviera libre de pecado que tirara la primera piedra. Todos se marcharon. «Ni siquiera yo te condeno; vete y, de ahora en adelante, no peques más» (8, 11).

Francisco, refiriéndose a los escribas y a los fariseos que habían arrastrado a la mujer que iban a lapidar frente al Nazareno, dijo: «También a nosotros, a veces, nos gusta castigar a los demás, condenar a los demás». El primer y único paso que se pide para experimentar la misericordia, añadía el papa, es reconocerse necesitados de misericordia: «Cuando reconozcamos que somos pecadores, sabremos que Jesús vino por nosotros». Basta no imitar a aquel fariseo que estando frente al altar le agradecía a Dios no ser un pecador «como todos los demás hombres». Si somos como ese fariseo, si nos creemos justos, «¡no conoceremos el corazón del Señor y no tendremos jamás la alegría de sentir esta misericordia!», explicaba el nuevo obispo de Roma. Quien está acostumbrado a juzgar a los demás desde arriba, sintiéndose cómodo, quien por lo general se considera justo, bueno y legal, no advierte la necesidad de ser abrazado y perdonado. Y en cambio hay quien lo advierte, pero piensa que no tiene remedio por el excesivo daño cometido.

Francisco reprodujo a este respecto una conversación con un hombre que, al oír que se le hablaba de este modo de la misericordia, respondió: «¡Oh, padre, si usted conociera mi vida, no me hablaría así! ¡Las he hecho muy gordas!». Ésta fue la respuesta: «¡Mejor! ¡Ve a ver a Jesús: a Él le gusta que le cuentes estas cosas! Él las olvida, Él tiene una capacidad especial para olvidarse de las cosas. Se olvida, te besa, te abraza y solamente te dice: "Ni siquiera yo te condeno; vete y, de ahora en adelante, no peques más". Tan sólo te da ese consejo. Un mes después, estamos igual… Volvemos a ver al Señor. El Señor jamás se cansa de perdonar: ¡jamás! Somos nosotros los que nos cansamos de pedirle perdón. Entonces debemos pedir la gracia de no cansarnos de pedir perdón, pues Él jamás se cansa de perdonar».

De aquella primera homilía de Francisco, que me impresionó especialmente, emergía la centralidad del mensaje de la misericordia que caracterizaría estos primeros años de pontificado. Palabras sencillas y profundas. El rostro de una Iglesia que no reprocha a los hombres su fragilidad y sus heridas, sino que las cura con la medicina de la misericordia.

Vivimos en una sociedad que nos acostumbra cada vez menos a reconocer nuestras responsabilidades y a hacernos cargo de ellas: los que se equivocan, de hecho, son siempre los demás. Los inmorales son siempre los demás, las culpas son siempre de otro, nunca nuestras. Y vivimos a veces la experiencia de un cierto retorno al clericalismo consagrado a trazar fronteras, a «regularizar» las vidas de las personas mediante la imposición de requisitos previos y prohibiciones que sobrecargan el ya fatigoso vivir cotidiano. Una actitud siempre dispuesta a condenar pero mucho menos a acoger. Siempre dispuesta a juzgar, pero no a inclinarse con compasión ante las miserias de la humanidad. El mensaje de la misericordia —corazón de esa especie de «primera encíclica» no escrita, pero contenida en la breve homilía del nuevo papa— acababa a la vez con ambos clichés.

Algo más de un año después, el 7 de abril de 2014, Francisco volvió a comentar el mismo fragmento durante la misa matutina en la capilla de la Casa Santa Marta, confesando su emoción ante esta página evangélica: «Dios perdona no con un decreto, sino con una caricia». Y, con la misericordia, «Jesús va incluso más allá de la Ley y perdona acariciando las heridas de nuestros pecados».

«Las lecturas bíblicas de hoy —explicó el papa— nos hablan del adulterio», que junto a la blasfemia y a la idolatría estaba considerado «un pecado gravísimo en la Ley de Moisés», castigado «con la pena de muerte» por lapidación. En el pasaje sacado del octavo capítulo de san Juan, el papa señalaba: «Hallamos a Jesús, sentado allí, entre toda la gente, haciendo de catequista, enseñando». Después «se acercaron los escribas y los fariseos con una mujer que arrastraban, quizá con las manos atadas, como podemos imaginar. Y entonces la pusieron en el centro y la acusaron: "¡He aquí una adúltera!"». La suya es una acusación pública. El Evangelio cuenta que a Jesús le hicieron una pregunta: «¿Qué debemos hacer con esta mujer? ¡Tú nos hablas de bondad, pero Moisés nos ha dicho que debemos matarla!». «Eso decían —advirtió Francisco—, para ponerlo a prueba, para tener un motivo para acusarlo.» Y lo cierto es que si Jesús les hubiera dicho: «Sí, adelante con la lapidación», hubieran tenido la oportunidad de decirle a la gente: «¡Mirad a vuestro Maestro, con lo bueno que es, qué le ha hecho a esta pobre mujer!». Si, en cambio, Jesús hubiera dicho: «¡No, pobrecilla, hay que perdonarla!», entonces podían acusarlo «de no cumplir la Ley».

Su único objetivo, explicaba también el papa Bergoglio, era «poner a prueba, tender una trampa» a Jesús. «A ellos la mujer no les importaba nada y tampoco les importaban los adúlteros.» Es más, «quizá alguno de ellos era también adúltero». Y he aquí entonces que Jesús, quien quería «quedarse a solas con la mujer y hablarle a su corazón», respondió: «Aquel de vosotros que esté libre de pecado que tire contra ella la primera piedra». Y, tras escuchar esas palabras, «el pueblo poco a poco se marchó». «El Evangelio, con cierta ironía, dice que todos se marcharon, uno por uno, empezando por los más ancianos: ¡está visto que en el banco del cielo tenían una bonita cuenta corriente de faltas!» Llega pues el momento «de Jesús confesor». Se queda «solo con la mujer», que permanece «ahí en medio». Y, mientras tanto, «Jesús estaba agachado y escribía con el dedo en el polvo del suelo. Algunos exégetas dicen que Jesús escribía los pecados de esos escribas y fariseos», pero «quizá sea imaginación». Después «se levantó y miró» a la mujer, que estaba «llena de vergüenza, y le dijo: "¿Mujer, dónde están? ¿Nadie te ha condenado? Estamos solos, tú y yo. Tú frente a Dios. Sin acusaciones, sin palabrerías: tú y Dios"».

La mujer —siguió comentando Francisco en esa homilía— no se proclama víctima de «una falsa acusación», no se defiende afirmando: «Yo no he cometido adulterio». No, «ella admite su pecado» y le contesta a Jesús: «Nadie, Señor, me ha condenado». Y a su vez Jesús le dice: «Tampoco yo te condeno, vete y de ahora en adelante no peques más». Así pues, concluía Francisco: «Jesús perdona. Pero aquí hay algo más que el perdón. Porque como confesor Jesús va más allá de la Ley». De hecho, «la Ley decía que ella tenía que ser castigada». Por otro lado, Jesús «era puro y hubiera podido ser el primero en lanzar la piedra». Pero Cristo «va más allá». «No le dice: "El adulterio no es pecado", pero no la condena con la Ley». Precisamente, éste es «el misterio de la misericordia de Jesús».

Jesús, para «ser misericordioso», va más allá de «la Ley que ordenaba la lapidación». Hasta el punto de que le dice a la mujer que se vaya en paz. «La misericordia —explicaba en aquel sermón matutino el obispo de Roma— es algo difícil de entender: no borra los pecados», pues para borrar los pecados «está el perdón de Dios». Pero «la misericordia es la manera con que Dios perdona». Pues «Jesús podía decir: "¡Yo te perdono, vete!". Como le dijo a aquel paralítico: "¡Tus pecados están perdonados!"». En esta situación, «Jesús va más allá y aconseja a la mujer que no peque más. Y aquí se ve la actitud misericordiosa de Jesús: defiende al pecador de los enemigos, defiende al pecador de una condena justa».

Esto, añadió Francisco, «sirve también para nosotros». «¡Cuántos de nosotros mereceríamos una condena! Y hasta sería justa. ¡Pero Él perdona!» ¿Cómo? «Con la misericordia que no borra el pecado: es sólo el perdón de Dios el que lo borra, mientras la misericordia va más allá.» Es «como el cielo: nosotros miramos el cielo, con sus muchas estrellas, pero cuando por la mañana llega el sol, con toda su luz, las estrellas no se ven. Así es la misericordia de Dios: una gran luz de amor, de ternura, porque Dios perdona no con un decreto, sino con una caricia». Lo hace «acariciando nuestras heridas de pecado, porque Él está implicado en el perdón, está implicado en nuestra salvación».

Con este estilo, concluía el papa Francisco, Jesús hace de confesor. No humilla a la mujer adúltera, no le dice: «¿Qué has hecho, cuándo lo has hecho, cómo lo has hecho y con quién lo has hecho?». Le dice, por el contrario: «Vete y no peques más. La misericordia de Dios es grande, grande es la misericordia de Jesús: perdonarnos acariciándonos».

El Jubileo de la Misericordia es una consecuencia de este mensaje y de la centralidad que siempre ha tenido en las prédicas de Francisco. El 13 de marzo de 2015, mientras escuchaba la homilía de la liturgia penitencial al término de la cual el papa iba a anunciar la convocatoria del Año Santo extraordinario, pensé: sería bonito poder plantearle algunas preguntas centradas en los temas de la misericordia y del perdón para profundizar en lo que aquellas palabras habían significado para él, como hombre y como sacerdote, sin la preocupación de conseguir algunas frases efectistas que entrasen en el debate mediático en torno al sínodo sobre la familia, a menudo reducido a un partido entre equipos contrarios. Sin entrar en la casuística. Me gustaba la idea de una entrevista que permitiera que emergiera el corazón de Francisco, su mirada. Un texto que dejara abiertas las puertas, en un tiempo, como el jubilar, durante el cual la Iglesia pretende mostrar de manera especial, y aún más significativa, su rostro de misericordia.

El papa aceptó la propuesta. Este libro es el fruto de una charla comenzada en su habitación, en la Casa Santa Marta en el Vaticano, en una más que bochornosa tarde del pasado julio, pocos días después de su regreso del viaje a Ecuador, Bolivia y Paraguay. Le había enviado con poquísima anticipación una lista de temas y preguntas que quería tratar. Me presenté armado con tres grabadoras. Francisco me esperaba con una concordancia de la Biblia y de las citas de los padres de la Iglesia en la mesita que había frente a él. En las páginas que vienen a continuación podéis leer el contenido de la conversación.

Espero que el entrevistado no se tome a mal si revelo una pequeña escena entre bastidores que me parece muy significativa. Estábamos hablando de la dificultad de reconocernos como pecadores y, en la primera redacción que había preparado, Francisco afirmaba: «La medicina existe, la cura existe, siempre y cuando demos un pequeño paso hacia Dios». Tras releer el texto, me llamó y me pidió que añadiera: «… O cuando tengamos al menos el deseo de darlo», una expresión que yo torpemente había dejado caer en el trabajo de síntesis. En esta adición, o, mejor dicho, en este texto correctamente retocado, hallamos todo el corazón del pastor que busca asimilarse al corazón misericordioso de Dios y que hace todo lo posible para llegar al pecador. No descuida grieta alguna, ni siquiera mínima, para poder dar el perdón. Dios nos espera con los brazos abiertos, nos basta dar un paso hacia Él como hizo el hijo pródigo. Pero si no tenemos la fuerza de hacer ni siquiera esto porque somos débiles, nos basta al menos tener el deseo de hacerlo. Es ya un comienzo suficiente para que la gracia pueda funcionar y la misericordia sea otorgada, según la experiencia de una Iglesia que no se concibe como una aduana, sino que busca todo posible camino para perdonar.

Algo parecido hallamos en una página de la novela de Bruce Marshall *A cada uno un denario*.* El protagonista del libro, el abad Gaston, debe confesar a un joven soldado alemán que los partisanos franceses están a punto de condenar a muerte. El soldado revela su pasión por las mujeres y las numerosas aventuras amorosas que ha vivido. El abad le explica que debe arrepentirse para conseguir el perdón y la absolución. Y él responde: «¿Y cómo hago para arrepentirme? Era algo que me gustaba y, si tuviera ocasión, volvería a hacerlo ahora también. ¿Cómo hago para arrepentirme?». Entonces, al abad Gaston, que quiere absolver a ese penitente marcado por el destino y ahora al borde de la muerte, le viene a la cabeza una idea brillante y pregunta: «Pero ¿a ti te pesa que no te pese?». Y el joven, espontáneamente, responde:

* Granada, Nuevo Inicio, 2010.

«Sí, me pesa que no me pese». Es decir, siento no estar arrepentido. Ese lamento es la pequeña grieta que permite al cura misericordioso dar la absolución.

ANDREA TORNIELLI

El nombre de Dios es Misericordia

I

Tiempo de misericordia

Santo padre, ¿puede decirnos cómo nació el deseo de convocar un Jubileo de la Misericordia? ¿De dónde le vino la inspiración?

No se debe a un hecho concreto o definido. A mí las cosas se me ocurren un poco solas, son las cosas del Señor, que custodia en la oración. Yo tengo por costumbre no fiarme nunca de la primera reacción que tengo frente a una idea que se me ocurre o a una propuesta que me hacen. No me fío nunca, entre otras cosas porque por lo general la primera reacción es equivocada. He aprendido a esperar, a confiar en el Señor, a pedir su ayuda para poder discernir mejor, para dejarme guiar.

La centralidad de la misericordia, que para mí representa el mensaje más importante de Jesús, puedo decir que ha crecido poco a poco en mi vida sacerdotal como consecuencia de mi experiencia de confesor, de las muchas historias positivas y hermosas que he conocido.

Ya en julio de 2013, pocos meses después del comienzo de su pontificado, durante el viaje de regreso de Río de Janeiro, donde se había celebrado la Jornada Mundial de la Juventud, usted dijo que el nuestro es el «tiempo de la misericordia».

Sí, creo que éste es el tiempo de la misericordia. La Iglesia muestra su rostro materno, su rostro de madre, a la humanidad herida. No espera a que los heridos llamen a su puerta, sino que los va a buscar a las calles, los recoge, los abraza, los cura, hace que se sientan amados. Dije entonces, y estoy cada vez más convencido de ello, que esto es un *kairós,* que nuestra época es un *kairós* de misericordia, un tiempo oportuno. Abriendo solemnemente el Concilio Ecuménico Vaticano II, san Juan XXIII dijo que «la Esposa de Cristo prefiere usar la medicina de la misericordia en lugar de empuñar las armas del rigor». En su *Meditación ante la muerte,* el beato Pablo VI revelaba el fundamento de su vida espiritual en la síntesis propuesta por san Agustín: miseria y misericordia. «Miseria mía —escribía el papa Montini—, misericordia de Dios. Que yo pueda al menos honrar a quien Tú eres, el Dios de infinita bondad, invocando, aceptando, celebrando tu dulcísima misericordia.» San Juan Pablo II avanzó en este camino a través de la encíclica *Dives in misericordia,* en la que afirmó que la Iglesia vive una vida auténtica cuando profesa y proclama la misericordia, el más maravilloso atributo del Creador y del Redentor, y cuando acerca a los hombres a las fuentes de la misericordia. Además, ha instituido la fiesta de la «divina misericordia» y ha revalorizado la figura de santa Faustina Kowalska, y las palabras de Jesús sobre la misericordia. También el papa Benedicto XVI habló de esto en su magisterio: «La misericordia es en realidad el núcleo central del mensaje evangélico —dijo—, es el propio nombre de Dios, el rostro con el que Él se reveló en la antigua Alianza y plenamente en Jesucristo, encarnación del amor creador y redentor. Este amor de misericordia ilumina también el rostro de la Iglesia y se manifiesta tanto mediante los sacramentos, en concreto, aquel de la reconciliación, como con las obras de caridad, comunitarias e individuales. Todo lo que la Iglesia dice y hace manifiesta la misericordia que Dios siente por el hombre».

Pero en mis recuerdos personales hay también otros muchos episodios. Por ejemplo, antes de llegar aquí, cuando estaba en Buenos Aires, tengo grabada en la memoria una mesa redonda entre teólogos: se discutía sobre qué podía hacer el papa para que la gente se acercara, frente a tantos problemas que parecían sin solución. Uno de ellos dijo: «Un Jubileo del Perdón». Y eso se me quedó grabado en la cabeza. Así pues, para contestar a la pregunta, creo que la decisión vino rezando, pensando en la enseñanza y en el testimonio de los papas que me precedieron, y pensando en la Iglesia como en un hospital de campo, donde se curan sobre todo las heridas más graves. Una Iglesia que caliente el corazón de las personas con la cercanía y la proximidad.

¿Qué es para usted la misericordia?

Etimológicamente, *misericordia* significa abrir el corazón al miserable. Y enseguida vamos al Señor: misericordia es la actitud divina que abraza, es la entrega de Dios que acoge, que se presta a perdonar. Jesús ha dicho que no vino para los justos, sino para los pecadores. No vino para los sanos, que no necesitan médico, sino para los enfermos. Por eso se puede decir que la misericordia es el carné de identidad de nuestro Dios. Dios de misericordia, Dios misericordioso. Para mí, éste es realmente el carné de identidad de nuestro Dios. Siempre me ha impresionado leer la historia de Israel como se cuenta en la Biblia, en el capítulo 16 del Libro de Ezequiel. La historia compara Israel con una niña a la que no se le cortó el cordón umbilical, sino que fue dejada en medio de la sangre, abandonada. Dios la vio debatirse en la sangre, la limpió, la untó, la vistió y, cuando creció, la adornó con seda y joyas. Pero ella, enamorada de su propia belleza, se prostituyó, no dejando que le pagaran, sino pagando ella misma a sus amantes. Pero Dios no olvidará su alianza y la pondrá por encima de sus hermanas mayores, para que Israel se acuerde y se avergüence (Ezequiel 16, 63), cuando le sea perdonado lo que ha hecho.

Ésta para mí es una de las mayores revelaciones: seguirás siendo el pueblo elegido, te serán perdonados todos tus pecados. Eso es: la misericordia está profundamente unida a la fidelidad de Dios. El Señor es fiel porque no puede renegar de sí mismo. Lo explica bien san Pablo en la Segunda Carta a Timoteo (2, 13): «Si somos infieles, Él permanece fiel, pues no puede renegar de sí mismo». Tú puedes renegar de Dios, tú puedes pecar contra Él, pero Dios no puede renegar de sí mismo, Él permanece fiel.

¿Qué lugar y qué significado tiene en su corazón, en su vida e historia personal, la misericordia? ¿Recuerda cuándo tuvo, de niño, la primera experiencia de la misericordia?

Puedo leer mi vida a través del capítulo 16 del Libro del profeta Ezequiel. Leo esas páginas y me digo: «Pero todo esto parece escrito expresamente para mí». El profeta habla de la vergüenza, y la vergüenza es una gracia: cuando uno siente la misericordia de Dios, experimenta una gran vergüenza de sí mismo, de su propio pecado. Hay un bonito ensayo de un gran estudioso de la espiritualidad, el padre Gaston Fessard, dedicado a la vergüenza, en su libro *La Dialectique des exercises spirituels de saint Ignace de Loyola.** La vergüenza es una de las gracias que san Ignacio hace pedir en la confesión de los pecados frente a Cristo crucificado. Ese texto de Ezequiel nos enseña a avergonzarnos, nos permite avergonzarnos: con toda tu historia de miseria y de pecado, Dios te sigue siendo fiel y te levanta. Eso es lo que yo siento. No tengo recuerdos concretos de cuando era niño. Pero sí de muchacho. Pienso en el padre Carlos Duarte Ibarra, el confesor que vi en mi parroquia ese 21 de septiembre de 1953, el día en que la Iglesia celebra a san Mateo apóstol y evangelista. Tenía diecisiete años. Me sentí acogido por la misericordia de Dios confesándome con él. Ese

* París, Aubier, 1956.

sacerdote era originario de Corrientes, pero estaba en Buenos Aires curándose de una leucemia. Murió al año siguiente. Recuerdo aún que después de su funeral y de su entierro, al regresar a casa, me sentí como si me hubieran abandonado. Y lloré mucho aquella noche, mucho, oculto en mi habitación. ¿Por qué? Porque había perdido a una persona que me hacía sentir la misericordia de Dios, ese *miserando atque eligendo,* una expresión que entonces no conocía y que después elegí como lema episcopal. La reencontraría a continuación, en las homilías del monje inglés san Beda el Venerable, quien, describiendo la vocación de san Mateo, escribe: «Jesús vio a un publicano y, como lo miró con sentimiento de amor y lo eligió, le dijo: "Sígueme"». Ésta es la traducción que comúnmente se ofrece a la expresión de san Beda. A mí me gusta traducir *miserando,* con un gerundio que no existe, *misericordiando,* regalándole misericordia. Así pues, *misericordiándolo* y escogiéndolo, para describir la mirada de Jesús que da misericordia y elige, se lleva consigo.

Cuando piensa en sacerdotes misericordiosos, que ha conocido o en los que se ha inspirado, ¿quién le viene a la cabeza?

Son tantos… Acabo de mencionar al padre Duarte. Puedo citar a don Enrico Pozzoli, salesiano, que me bautizó y que había casado a mis padres. Era el confesor, el confesor misericordioso: todos iban a confesarse con él, iba por las casas de los salesianos. He conocido a tantos confesores así… Recuerdo a otro gran confesor, más joven que yo, un padre capuchino que ejercía su ministerio en Buenos Aires. Una vez vino a verme porque quería hablar conmigo. Me dijo: «Necesito tu ayuda. Tengo mucha gente en el confesionario, gente de todo tipo, humilde y menos humilde, pero también muchos curas… Los perdono mucho y a veces experimento un escrúpulo, el escrúpulo de haber perdonado demasiado». Hablamos de la misericordia y le pregunté qué hacía cuando experimentaba ese escrúpulo. Me respondió: «Voy a nuestra pequeña capilla, frente al tabernáculo, y le digo a Jesús: "Señor, perdóname porque he perdonado demasiado. ¡Pero eres Tú el que me ha dado tan mal ejemplo!"». No me olvidaré de esto jamás. Cuando un sacerdote vive así la misericordia sobre sí mismo, puede regalársela a los demás. Leí una homilía del entonces cardenal Albino Luciani sobre el padre Leopoldo Mandic, recién proclamado entonces beato por Pablo VI. Había descrito algo que se acerca mucho a lo que acabo de contar: «Eso es, pecadores somos todos —decía Luciani en esa ocasión—, lo sabía muy bien el padre Leopoldo. Hay que ser consciente de esta triste realidad nuestra. Nadie puede durante mucho tiempo evitar las faltas pequeñas o grandes. Pero, como decía san Francisco de Sales, "si tienes un burro y yendo por la calle se cae al suelo, ¿qué debes hacer? No vas a ir con el bastón a molerle a palos las costillas, pobrecillo, bastante desgraciado es ya. Tienes que cogerlo por la cabeza y decirle: 'Venga, volvamos a ponernos en marcha. Ahora reemprendamos el camino, la próxima vez te fijarás más'". Éste es el sistema y este sistema lo ha aplicado plenamente el padre Leopoldo. Un sacerdote amigo mío que iba a confesarse con él dijo: "Padre, usted es demasiado generoso. Yo me confieso encantado con usted, pero me parece que es demasiado generoso". Y el padre Leopoldo contestó: "Pero ¿quién es demasiado generoso, hijo mío? Es el Señor el que fue generoso; no soy yo quien ha muerto por los pecados, es el Señor quien murió por ellos. ¿Cómo iba a ser con los demás con lo generoso que fue con el ladrón?"». Ésta es la homilía del entonces cardenal Luciani sobre Leopoldo Mandic, después proclamado santo por Juan Pablo II.

Puedo citar también a otra figura significativa para mí, la del padre José Ramón Aristi, sacramentino, que ya recordé una vez cuando me reuní con los párrocos de Roma. Murió en 1996 más que nonagenario. También él fue un gran confesor, y muchísima gente y muchos curas se confesaban con él. Cuando confesaba les daba a los penitentes su rosario y hacía que sostuvieran en su mano la pequeña cruz, después la usaba para absolverlos y finalmente los invitaba a besarla. Cuando murió, yo era obispo auxiliar de Buenos Aires; era la noche del Sábado Santo. Fui a verlo al día siguiente, el Domingo de Pascua, después de comer, y bajé a la cripta de la iglesia. Me di cuenta de que no había flores junto a su ataúd y fui a buscar un ramo fuera, después regresé y empecé a colocarlas. Vi el rosario enredado en sus manos: saqué la pequeña cruz y, mirándolo, le dije: «¡Dame la mitad de tu misericordia!». Desde entonces aquella pequeña cruz va siempre conmigo, la llevo en el pecho: cuando me sobreviene un mal pensamiento sobre alguien, acerco la mano y toco esa cruz. Me sienta bien. He aquí otro ejemplo de cura misericordioso, que sabía acercarse a la gente y curar las heridas regalando la misericordia de Dios.

En su opinión, ¿por qué este tiempo nuestro y esta humanidad nuestra tienen tanta necesidad de misericordia?

Porque es una humanidad herida, una humanidad que arrastra heridas profundas. No sabe cómo curarlas o cree que no es posible curarlas. Y no se trata tan sólo de las enfermedades sociales y de las personas heridas por la pobreza, por la exclusión social, por las muchas esclavitudes del tercer milenio. También el relativismo hiere mucho a las personas: todo parece igual, todo parece lo mismo. Esta humanidad necesita misericordia. Pío XII, hace más de medio siglo, dijo que el drama de nuestra época era haber extraviado el sentido del pecado, la conciencia del pecado. A esto se suma hoy también el drama de considerar nuestro mal, nuestro pecado, como incurable, como algo que no puede ser curado y perdonado. Falta la experiencia concreta de la misericordia. La fragilidad de los tiempos en que vivimos es también ésta: creer que no existe posibilidad alguna de rescate, una mano que te levanta, un abrazo que te salva, que te perdona, te inunda de un amor infinito, paciente, indulgente; te vuelve a poner en el camino. Necesitamos misericordia. Debemos preguntarnos por qué tantas personas, hombres y mujeres, jóvenes y ancianos de cualquier extracción social, recurren hoy a los magos y a los quiromantes. El cardenal Giacomo Biffi solía citar estas palabras del escritor inglés Gilbert Keith Chesterton: «Quien no cree en Dios no es cierto que no crea en nada, pues empieza a creer en todo». Una vez le oí decir a una persona: «En la época de mi abuela bastaba el confesor, hoy mucha gente confía en los quiromantes…». Hoy se busca la salvación donde se puede.

Pero estos fenómenos a los que usted alude, como los magos y los quiromantes, siempre han existido en la historia de la humanidad.

Sí, verdad, siempre ha habido adivinos, magos, quiromantes. Pero no había tanta gente buscando en ellos salud y consuelo espiritual. Las personas buscan sobre todo a alguien que las escuche. Alguien dispuesto a dar su propio tiempo para escuchar sus dramas y sus dificultades. Es lo que yo llamo «el apostolado de la oreja», y es importante. Muy importante. Me oigo decir a los confesores: «Hablad, escuchad con paciencia y sobre todo decidles a las personas que Dios las quiere bien. Y si el confesor no puede absolver, que explique por qué, pero que dé de todos modos una bendición, aunque sea sin absolución sacramental. El amor de Dios también existe para quien no está en la disposición de recibir el sacramento: también ese hombre o esa mujer, ese joven o esa chica son amados por Dios, son buscados por Dios, están necesitados de bendición. Sed tiernos con esas personas. No las alejéis. La gente sufre. Ser un confesor es una gran responsabilidad. Los confesores tienen frente a ellos a sus ovejas descarriadas que Dios tanto ama; si no les dejamos advertir su amor y la misericordia de Dios, se alejan y quizá no vuelvan más. Así pues, abrazadlas y sed misericordiosos, aunque no podáis absolverlas. Dadles de todos modos una bendición». Yo tengo una sobrina que se ha casado civilmente con un hombre antes de que este obtuviera la nulidad matrimonial. Querían casarse, se amaban, querían hijos y han tenido tres. El tribunal le había asignado a él también la custodia de los hijos que tuvo en su primer matrimonio. Este hombre era tan religioso que todos los domingos, yendo a misa, iba al confesionario y le decía al sacerdote: «Sé que usted no me puede absolver, pero he pecado en esto y en aquello otro, deme una bendición». Esto es un hombre formado religiosamente.

II

El regalo de la confesión

¿Por qué es importante confesarse? Usted fue el primer papa en hacerlo públicamente, durante las liturgias penitenciales de la Cuaresma, en San Pedro... Pero ¿no bastaría, en el fondo, con arrepentirse y pedir perdón solos, enfrentarse solos con Dios?

Fue Jesús quien les dijo a sus apóstoles: «Aquellos a quienes perdonéis los pecados, serán perdonados; aquellos a quienes no se los perdonéis, no serán perdonados» (Evangelio de san Juan 20, 19-23). Así pues, los apóstoles y sus sucesores —los obispos y los sacerdotes que son sus colaboradores— se convierten en instrumentos de la misericordia de Dios. Actúan *in persona Christi*. Esto es muy hermoso. Tiene un profundo significado, pues somos seres sociales. Si tú no eres capaz de hablar de tus errores con tu hermano, ten por seguro que no serás capaz de hablar tampoco con Dios y que acabarás confesándote con el espejo, frente a ti mismo. Somos seres sociales y el perdón tiene también un aspecto social, pues también la humanidad, mis hermanos y hermanas, la sociedad, son heridos por mi pecado. Confesarse con un sacerdote es un modo de poner mi vida en las manos y en el corazón de otro, que en ese momento actúa en nombre y por cuenta de Jesús. Es una manera de ser concretos y auténticos: estar frente a la realidad mirando a otra persona y no a uno mismo reflejado en un espejo. San Ignacio, antes de cambiar de vida y de entender que tenía que convertirse en soldado de Cristo, había combatido en la batalla de Pamplona. Formaba parte del ejército del rey de España, Carlos V de Habsburgo, y se enfrentaba al ejército francés. Fue herido gravemente y creyó que iba a morir. En aquel momento no había ningún cura en el campo de batalla. Y entonces llamó a un conmilitón suyo y se confesó con él, le dijo a él sus pecados. El compañero no podía absolverlo, era un laico, pero la exigencia de estar frente a otro en el momento de la confesión era tan sincera que decidió hacerlo así. Es una bonita lección. Es cierto que puedo hablar con el Señor, pedirle enseguida perdón a Él, implorárselo. Y el Señor perdona, enseguida. Pero es importante que vaya al confesionario, que me ponga a mí mismo frente a un sacerdote que representa a Jesús, que me arrodille frente a la Madre Iglesia llamada a distribuir la misericordia de Dios. Hay una objetividad en este gesto, en arrodillarme frente al sacerdote, que en ese momento es el trámite de la gracia que me llega y me cura. Siempre me ha conmovido ese gesto de la tradición de las Iglesias orientales, cuando el confesor acoge al penitente poniéndole la estola en la cabeza y un brazo sobre los hombros, como en un abrazo. Es una representación plástica de la bienvenida y de la misericordia. Recordemos que no estamos allí en primer lugar para ser juzgados. Es cierto que hay un juicio en la confesión, pero hay algo más grande que el juicio que entra en juego. Es estar frente a otro que actúa *in persona Christi* para acogerte y perdonarte. Es el encuentro con la misericordia.

¿Qué puede decir de su experiencia como confesor? Se lo pregunto porque parece una experiencia que ha marcado profundamente su vida. En la primera misa celebrada con los fieles tras su elección, en la parroquia de Santa Ana, el 17 de marzo de 2013, usted habló de aquel hombre que decía: «Oiga, padre, yo he hecho cosas gordas...», y al cual usted contestó: «Ve a ver a Jesús, que Él lo perdona y lo olvida todo». En esa misma homilía recordaba que Dios nunca se cansa de perdonar. Poco después, en el ángelus, recordó otro episodio, el de la viejecita que le había dicho confesándose: «Sin la misericordia de Dios, el mundo no existiría».

Recuerdo muy bien este episodio, que se me quedó grabado en la memoria. Me parece que aún la veo. Era una mujer mayor, pequeñita, menuda, vestida completamente de negro, como se ve en algunos pueblos del sur de Italia, en Galicia o en Portugal. Hacía poco que me había convertido en obispo auxiliar de Buenos Aires y se celebraba una gran misa para los enfermos en presencia de la estatua de la Virgen de Fátima. Estaba allí para confesar. Hacia el final de la misa me levanté porque debía marcharme, pues tenía una confirmación que administrar. En ese momento, llegó aquella mujer, anciana y humilde. Me dirigí a ella llamándola abuela, como acostumbramos a hacer en Argentina. «Abuela, ¿quiere confesarse?» «Sí», me respondió. Y yo, que estaba a punto de marcharme, le dije: «Pero si usted no ha pecado...». Su respuesta llegó rápida y puntual: «Todos hemos pecado». «Pero quizá el Señor no la perdone...», repliqué yo. Y ella: «El Señor lo perdona todo». «Pero ¿usted cómo lo sabe?» «Si el Señor no lo perdonase todo —fue su respuesta—, el mundo no existiría.»

Un ejemplo de la fe de los sencillos, que tienen ciencia infusa aunque jamás hayan estudiado teología. Durante ese primer ángelus dije, para que me entendieran, que mi respuesta había sido: «¡Pero usted ha estudiado en la Gregoriana!». En realidad, la auténtica respuesta fue: «¡Pero usted ha estudiado con Royo Marín!». Una referencia al padre dominicano Antonio Royo Marín, autor de un famoso volumen de teología moral. Me impresionaron las palabras de aquella mujer: sin la misericordia, sin el perdón de Dios, el mundo no existiría, no podría existir. Como confesor, incluso cuando me he encontrado ante una puerta cerrada, siempre he buscado una fisura, una grieta, para abrir esa puerta y poder dar el perdón, la misericordia.

Usted una vez afirmó que el confesionario no debe ser una «tintorería». ¿Qué significa eso? ¿Qué quería decir?

Era un ejemplo, una imagen para dar a entender la hipocresía de cuantos creen que el pecado es una mancha, tan sólo una mancha, que basta ir a la tintorería para que la laven en seco y todo vuelva a ser como antes. Como cuando se lleva una chaqueta o un traje para que le saquen las manchas: se mete en la lavadora y ya está. Pero el pecado es más que una mancha. El pecado es una herida, hay que curarla, medicarla. Por eso usé esa expresión: intentaba evidenciar que ir a confesarse no es como llevar el traje a la tintorería.

Cito otro ejemplo suyo. ¿Qué significa que el confesionario no debe ser tampoco una «sala de tortura»?

Ésas eran palabras dirigidas más bien a los sacerdotes, a los confesores. Y se referían al hecho de que quizá puede existir en uno un exceso de curiosidad, una curiosidad un poco enfermiza. Una vez oí decir a una mujer, casada desde hacía años, que no se confesaba porque cuando era una muchacha de trece o catorce años el confesor le había preguntado dónde ponía las manos cuando dormía. Puede haber un exceso de curiosidad, sobre todo en materia sexual. O bien una insistencia en que se expliciten detalles que no son necesarios. El que se confiesa está bien que se avergüence del pecado: la vergüenza es una gracia que hay que pedir, es un factor bueno, positivo, porque nos hace humildes. Pero en el diálogo con el confesor hay que ser escuchado, no ser interrogado. Además, el confesor dice lo que debe, aconsejando con delicadeza. Es esto lo que quería expresar hablando de que los confesionarios no deben ser jamás cámaras de tortura.

¿Jorge Mario Bergoglio ha sido un confesor severo o indulgente?

He intentado siempre dedicarle tiempo a las confesiones, incluso siendo obispo o cardenal. Ahora confieso menos, pero aún lo hago. A veces quisiera poder entrar en una iglesia y sentarme en el confesionario. Así pues, para contestar a la pregunta: cuando confesaba siempre pensaba en mí mismo, en mis pecados, en mi necesidad de misericordia y, en consecuencia, intentaba perdonar mucho.

III

Buscar cualquier grieta

¿Qué hace falta para conseguir misericordia? ¿Es necesaria alguna predisposición concreta?

Me viene a la cabeza esta frase: «¡No puedo más!». Llegado cierto punto uno necesita ser entendido, ser atendido, ser curado, perdonado. Necesita levantarse para retomar el camino. Recita el salmo: «Un espíritu contrito es un sacrificio a Dios, un corazón afligido y humillado, oh Dios, no lo desprecies» (Salmos 50, 19). San Agustín escribía: «Busca en tu corazón lo que es grato a Dios. Hay que romper minuciosamente el corazón. ¿Temes que perezca porque está hecho añicos? En boca del salmista hallamos esta expresión: "Crea en mí, oh Dios, un corazón puro" (Salmos 50, 12). De modo que, para que sea creado puro, debe ser destruido el corazón impuro. Cuando pecamos debemos sentir disgusto de nosotros mismos, pues los pecados disgustan a Dios. Y dado que constatamos que no vivimos sin pecado, cuando menos en esto tratemos de ser parecidos a Dios: en el lamentarse de lo que disgusta a Dios» (*Discursos* 19, 2-3). Los padres de la Iglesia enseñan que este corazón hecho pedazos es la ofrenda más apreciada por Dios. Es la señal de que somos conscientes de nuestro pecado, del mal realizado, de nuestra miseria, de nuestra necesidad de perdón y de misericordia.

¿Cómo logramos reconocernos pecadores? ¿Qué le diría a alguien que no se siente como tal?

¡Les aconsejaría que pidieran esta gracia! Sí, porque reconocernos pecadores es una gracia. Es una gracia que te viene dada. Sin la gracia, a lo máximo que se puede llegar es a decir: soy limitado, tengo mis límites, éstos son mis errores. Pero reconocernos pecadores es otra cosa. Significa ponerse frente a Dios, que es nuestro todo, presentándonos a nosotros mismos, es decir, nuestra nada. Nuestras miserias, nuestros pecados. Es realmente una gracia que se debe pedir.

Don Luigi Giussani citaba este ejemplo sacándolo de la novela de Bruce Marshall A cada uno un denario. *El protagonista del libro, el abad Gaston, tenía que confesar a un joven soldado alemán que los partisanos franceses estaban a punto de condenar a muerte. El soldado había confesado su pasión por las mujeres y las muchas aventuras amorosas que había tenido. El abad le había explicado que debía arrepentirse. Y él: «¿Cómo hago para arrepentirme? Era algo que me gustaba, si tuviera la ocasión lo haría ahora también. ¿Cómo hago para arrepentirme?». Entonces, al abad Gaston, que quería absolver a toda costa a ese penitente al borde de la muerte, se le ocurrió una idea genial y dijo: «Pero ¿a ti te pesa que no te pese?». Y el joven, espontáneamente, respondió: «Sí, me pesa que no me pese». Es decir, siento no estar arrepentido. La hendidura en la puerta que había permitido la absolución…*

Es cierto, es así. Es un ejemplo que representa muy bien las tentativas que Dios lleva a cabo para adentrarse en el corazón del hombre, para encontrar esa grieta que permite la acción de su gracia. Él no quiere que nadie se pierda. Su misericordia es infinitamente más grande que nuestro pecado, su medicina es infinitamente más poderosa que la enfermedad que debe curar en nosotros. Hay un prefacio de la liturgia ambrosiana en el que se lee: «Te has inclinado sobre nuestras heridas y nos has curado, dándonos una medicina más fuerte que nuestras llagas, una misericordia más grande que nuestra culpa. Así también el pecado, en virtud de tu invencible amor, ha servido para elevarnos a la vida divina». Reflexionando sobre mi vida y mi experiencia, recordando ese 21 de septiembre de 1953 cuando Dios vino a mi encuentro llenándome de asombro, siempre he dicho que el Señor *nos primerea,* es decir, que nos precede, que se nos anticipa. Creo que lo mismo se puede decir sobre su misericordia divina, dada para curar nuestras heridas, que se nos anticipa. Dios nos aguarda, espera que le concedamos tan sólo esa mínima grieta para poder actuar en nosotros, con su perdón, con su gracia. Sólo quien ha sido tocado, acariciado por la ternura de la misericordia, conoce realmente al Señor. Por eso he repetido a menudo que el sitio en el que tiene lugar el encuentro con la misericordia de Jesús es mi pecado. Cuando se experimenta el abrazo de misericordia, cuando nos dejamos abrazar, cuando nos conmovemos: entonces la vida puede cambiar, pues tratamos de responder a este don inmenso e imprevisto, que a los ojos humanos puede parecer incluso «injusto» en tanto que superabundante. Estamos frente a un Dios que conoce nuestros pecados, nuestras traiciones, nuestras negaciones, nuestra miseria. Y, sin embargo, está allí esperándonos para entregarse totalmente a nosotros, para levantarnos. Pensando de nuevo en el episodio citado en la novela de Marshall, yo parto de un presupuesto similar, que va en la misma dirección. No existe tan sólo esa máxima jurídica siempre válida, según la cual *in dubio pro reo,* es decir, en la duda se decide siempre a favor de la persona que está sometida a juicio. Está también la importancia del gesto. El solo hecho de que una persona vaya al confesionario indica que ya hay un inicio de arrepentimiento, aunque no sea consciente. Si no hubiera existido ese movimiento inicial, la persona no hubiera ido. Que esté allí puede evidenciar el deseo de un cambio. La palabra es importante, explicita el gesto. Pero el propio gesto es importante, y acaso puede valer más la presencia torpe y humilde de un penitente al que le cuesta hablar que las muchas palabras de alguien que describe su arrepentimiento.

IV

Pecador, como Simón Pedro

Usted muchas veces se ha definido como un pecador. Visitando a los presos de Palmasola, en Bolivia, durante el viaje de julio de 2015 a América Latina, usted dijo: «Frente a vosotros tenéis a un hombre al que han sido perdonados sus muchos pecados…». Impresiona oír a un papa que dice esto de sí mismo…

¿De verdad? No creo que sea algo fuera de lo normal, ni siquiera en la existencia de mis predecesores. He leído en la documentación del proceso de beatificación de Pablo VI el testimonio de uno de sus secretarios, a quien el papa, haciendo resonar las palabras que ya he citado de su *Meditación ante la muerte,* había confiado: «Para mí siempre ha sido un gran misterio de Dios que yo me encuentre sumido en mi miseria y me encuentre frente a la misericordia de Dios. Yo soy nada, soy mísero. Dios Padre me quiere mucho, me quiere salvar, me quiere sacar de esta miseria en la que me encuentro, pero yo soy incapaz de hacerlo por mí mismo. Entonces envía a su Hijo, un Hijo que lleva precisamente la misericordia de Dios traducida en un acto de amor hacia mí... Pero para esto hace falta una gracia especial, la gracia de una conversión. Yo debo reconocer la acción de Dios Padre en su Hijo hacia mí. Una vez que he reconocido esto, Dios actúa en mí a través de su Hijo». Es una síntesis preciosa del mensaje cristiano. Y qué decir de la homilía con la que Albino Luciani comenzaba su episcopado en Vittorio Veneto, diciendo que la elección había recaído sobre él porque ciertas cosas, en lugar de escribirlas sobre bronce o sobre mármol, el Señor prefería escribirlas en el polvo: así, si la escritura quedara, estaría claro que el mérito era exclusivamente de Dios. Él, el obispo, el futuro papa Juan Pablo I, se consideraba a sí mismo «el polvo». Debo decir que cuando hablo de esto, siempre pienso en lo que Pedro le dijo a Jesús el domingo de su Resurrección, cuando se lo encontró solo. Un encuentro que menciona el evangelista Lucas (24, 34). ¿Qué le habrá dicho Simón al Mesías recién resucitado del sepulcro? ¿Le habrá dicho que se sentía como un pecador? Habrá pensado en la negación, en cuanto había sucedido pocos días antes, cuando por tres veces había fingido no conocerlo, en el patio de la casa del sumo sacerdote. Habrá pensado en su llanto amargo y público. Si Pedro hizo eso, y si los Evangelios nos describen su pecado, su negación, y si a pesar de todo esto Jesús le dijo: «Apacienta mis ovejas» (Evangelio de san Juan 21, 15-16), no creo que debamos maravillarnos si también sus sucesores se describen a sí mismos como «pecadores». No es una novedad. El papa es un hombre que necesita la misericordia de Dios. Lo he dicho sinceramente, también frente a los presos de Palmasola, en Bolivia, frente a esos hombres y aquellas mujeres que me recibieron tan calurosamente. A ellos les he recordado que también san Pedro y san Pablo habían sido prisioneros. Tengo una relación especial con aquellos que viven en prisión, privados de su libertad. He estado siempre muy unido a ellos, precisamente por esta consciencia de mi condición de pecador. Cada vez que cruzo la puerta de una cárcel para una celebración o para una visita, me viene siempre a la cabeza este pensamiento: «¿Por qué ellos y no yo? Yo tendría que estar aquí, merecería estar aquí. Sus caídas hubieran podido ser las mías, no me siento mejor que quien tengo delante». Y es así como me encuentro repitiendo y rezando: «¿Por qué él y no yo?». Esto puede escandalizar, pero me consuelo con Pedro: había renegado de Jesús y, a pesar de ello, fue elegido.

¿Por qué somos pecadores?

Porque existe el pecado original. Un dato que se puede constatar. Nuestra humanidad está herida, sabemos reconocer el bien y el mal, sabemos qué es el mal, intentamos seguir el camino del bien, pero a menudo caemos por causa de nuestra debilidad y escogemos el mal. Es la consecuencia del pecado original, del cual tenemos plena consciencia gracias a la revelación. El relato del pecado de Adán y Eva, la rebelión contra Dios que leemos en el Libro del Génesis, se sirve de un lenguaje imaginativo para exponer algo que realmente ha sucedido en los orígenes de la humanidad.

El Padre ha sacrificado a su Hijo, Jesús se ha rebajado, ha aceptado dejarse torturar, crucificar y aniquilar para redimirnos del pecado, para curar aquella herida. Así, aquella culpa de nuestros progenitores es celebrada como *felix culpa* en el canto del *Exultet,* que la Iglesia eleva durante la celebración más importante del año, la de la noche de Pascua: culpa «feliz», porque ha merecido dicha redención.

¿Qué consejos le daría a un penitente para hacer una buena confesión?

Que piense en la verdad de su vida frente a Dios, qué siente, qué piensa. Que sepa mirarse con sinceridad a sí mismo y a su pecado. Y que se sienta pecador, que se deje sorprender, asombrar por Dios. Para que Él nos llene con el don de su misericordia infinita debemos advertir nuestra necesidad, nuestro vacío, nuestra miseria. No podemos ser soberbios. Me viene a la cabeza la historia que me contó una vez un dirigente argentino al que conocía. Tenía un colega que parecía muy comprometido con la vida cristiana: rezaba el rosario, hacía lecturas espirituales, etcétera. Un día le había confesado, *en passant,* como quien no quiere la cosa, que tenía una relación con su propia empleada de hogar. Y le había dado a entender que lo consideraba algo normal, pues —decía— estas personas, es decir, los criados, en el fondo estaban allí también «para eso». Mi amigo se había escandalizado, pues el colega en definitiva le estaba diciendo que creía en la existencia de seres humanos superiores e inferiores: estos últimos destinados a ser explotados y «usados», como aquella empleada de hogar. Me impresionó ese ejemplo: a pesar de todas las objeciones que se le hacían, aquel hombre seguía firme en su idea, impermeable. Y seguía considerándose un buen cristiano porque rezaba, leía textos espirituales cada día y los domingos iba a misa. He aquí un caso de soberbia, lo contrario de ese corazón hecho pedazos del que hablan los padres de la Iglesia.

Y, en cambio, ¿qué consejos le daría a un sacerdote que se los pidiera, que le preguntara: «Cómo hago para ser un buen confesor»?

Creo haber respondido ya en parte con lo que hemos dicho antes. Que piense en sus pecados, que escuche con ternura, que le pida al Señor que le dé un corazón misericordioso como el suyo, que no tire nunca la primera piedra porque también él es un pecador necesitado de perdón. Y que trate de parecerse a Dios en su misericordia. Esto es lo que se me ocurre decirle. Debemos ir con la mente y con el corazón a la parábola del hijo pródigo, el más joven de los dos hermanos, que al recibir su parte de la herencia del padre la dilapidó toda llevando una vida disoluta y para sobrevivir se encontró pastoreando cerdos. Admitido su error, regresó a la casa familiar para pedirle a su padre que lo admitiera al menos entre sus siervos, pero el padre, que estaba esperándolo y que escrutaba el horizonte, le salió al encuentro y, antes de que el hijo dijera nada, antes de que admitiera sus pecados, lo abrazó. Esto es el amor de Dios, ésta es su superabundante misericordia. Hay algo sobre lo que meditar, la actitud del hijo mayor, el que se había quedado en casa trabajando con el padre, el que siempre se había portado bien. Él, cuando toma la palabra, es el único que, en el fondo, dice la verdad: «O sea, que yo hace años que te sirvo y no he desobedecido nunca una de tus órdenes, y tú no me has dado jamás un solo cabrito para hacer una fiesta con mis amigos. Pero ahora que regresa este hijo tuyo, que ha malgastado tu fortuna con prostitutas, para él has matado el becerro gordo» (Evangelio de san Lucas 15, 29-30). Dice la verdad, pero al mismo tiempo se autoexcluye.

V

¿Demasiada misericordia?

Hace algunos años, en un colegio del norte de Italia, un profesor de religión explicó en sus clases la parábola del hijo pródigo y después pidió a los chicos que escribieran un texto reescribiendo la historia que acababan de escuchar. El final escogido por la inmensa mayoría de los alumnos fue éste: el padre recibe al hijo pródigo, lo castiga severamente y lo obliga a vivir con sus siervos. Así, éste aprende a no despilfarrar todas las riquezas de la familia.

Pero ésta es una reacción humana. La reacción del hijo mayor es humana. En cambio, la misericordia de Dios es divina.

¿Cómo se afronta el complejo del hijo mayor de la parábola? A veces se oye decir que en la Iglesia hay demasiada misericordia. La Iglesia debe condenar el pecado...

La Iglesia condena el pecado porque debe decir la verdad. Dice: «Esto es un pecado». Pero al mismo tiempo abraza al pecador que se reconoce como tal, se acerca a él, le habla de la misericordia infinita de Dios. Jesús ha perdonado incluso a aquellos que lo colgaron en la cruz y lo despreciaron. Debemos volver al Evangelio. Allí vemos que no se habla tan sólo de bienvenida o de perdón, sino que se habla de una «fiesta» para el hijo que regresa. La expresión de la misericordia es la alegría de la fiesta, que encontramos bien expresada en el Evangelio de san Lucas: «Habrá más alegría en el cielo por un pecador convertido que por noventa y nueve justos que no necesitan conversión» (15, 7). No dice: ¡y si después fuera a recaer, volver atrás, cometer más pecados, que se las apañe solo! No, pues a Pedro, que le preguntaba cuántas veces había que perdonar, Jesús le dijo: «Setenta veces siete» (Evangelio de san Mateo 18, 22), es decir, siempre. Al hijo mayor del padre misericordioso le ha sido permitido decir la verdad sobre lo que ha sucedido, aunque no lo entendiera, entre otras cosas porque el otro hermano cuando ha empezado a acusar no ha tenido tiempo de hablar: el padre lo ha callado y lo ha abrazado. Precisamente porque existe en el mundo el pecado, precisamente porque nuestra naturaleza humana está herida por el pecado original, Dios, que ha entregado a su Hijo por nosotros, no puede más que revelarse como misericordia. Dios es un padre premuroso, atento, dispuesto a acoger a cualquier persona que dé un paso adelante o que tenga el deseo de dar un paso hacia casa. Él está allí contemplando el horizonte, nos aguarda, nos está ya esperando. Ningún pecado humano, por muy grave que sea, puede prevalecer sobre la misericordia o limitarla. Obispo de Vittorio Veneto desde hace algunos años, Albino Luciani celebra ejercicios con los sacerdotes y, comentando la parábola del hijo pródigo, dijo a propósito del Padre: «Él espera. Siempre. Y nunca es demasiado tarde. Es así, Él es así…, es Padre. Un padre que espera en la puerta. Que nos ve cuando aún estamos lejos y se conmueve, y corriendo se echa en nuestros brazos y nos besa tiernamente… Nuestro pecado entonces se convierte casi en una joya que le podemos regalar para proporcionarle el consuelo de perdonar… ¡Quedamos como caballeros cuando se regalan joyas, y no es derrota, sino gozosa victoria dejar ganar a Dios!».

Siguiendo al Señor, la Iglesia está llamada a difundir su misericordia sobre todos aquellos que se reconocen pecadores, responsables del mal realizado, que se sienten necesitados de perdón. La Iglesia no está en el mundo para condenar, sino para permitir el encuentro con ese amor visceral que es la misericordia de Dios. Para que eso suceda, lo repito a menudo, hace falta salir. Salir de las iglesias y de las parroquias, salir e ir a buscar a las personas allí donde viven, donde sufren, donde esperan. El hospital de campo, la imagen con la que me gusta describir esta «Iglesia emergente», tiene la característica de aparecer allí donde se combate: no es la estructura sólida, dotada de todo, donde vamos a curarnos las pequeñas y las grandes enfermedades. Es una estructura móvil, de primeros auxilios, de emergencia, para evitar que los combatientes mueran. Se practica la medicina de urgencia, no se hacen *check-up* especializados. Espero que el Jubileo extraordinario haga emerger más aún el rostro de una Iglesia que descubre las vísceras maternas de la misericordia y que sale al encuentro de los muchos «heridos» que necesitan atención, comprensión, perdón y amor.

VI

Pastores, no doctores de la Ley

¿Puede haber misericordia sin el reconocimiento del propio pecado?

La misericordia existe, pero si tú no quieres recibirla… Si no te reconoces pecador quiere decir que no la quieres recibir, quiere decir que no sientes la necesidad. A veces te puede costar entender qué te ha sucedido. A veces puedes ser desconfiado, creer que no puedes volver a levantarte. O bien prefieres tus heridas, las heridas del pecado, y haces como los perros: las lames con la lengua, te lames las heridas. Ésta es una enfermedad narcisista que lleva a la amargura. Hay un placer en la amargura, un placer enfermo.

Si no partimos de nuestra miseria, si seguimos perdidos, si desistimos de la posibilidad de ser perdonados, acabamos por lamernos las heridas, que quedan abiertas y no se curan nunca. En cambio, la medicina existe, la cura existe, tan sólo si damos un pequeño paso hacia Dios o tenemos al menos el deseo de darlo. Basta una mínima grieta, basta tomarnos en serio nuestra propia condición. Es importante también conservar la memoria, recordarnos de dónde venimos, qué somos, nuestra nada. Es importante no creernos autosuficientes.

Santa Teresa de Ávila ponía en guardia a sus hermanas respecto a la vanidad y a la autosuficiencia. Cuando oía decir «Me han hecho esto sin motivo», comentaba: «Dios nos libre de las malas razones. Aquel que no ha querido llevar su cruz no sé qué hace en el monasterio». Ninguno de nosotros puede hablar de injusticia si piensa en las muchas injusticias que ha cometido él mismo frente a Dios. No debemos perder jamás la memoria de nuestros orígenes, del fango del que hemos salido, y esto sirve también para los consagrados.

¿Qué piensa de quien confiesa siempre los mismos pecados?

Si se refiere a la repetición casi automática de un formulario, diría que el penitente no está bien preparado, no ha sido bien catequizado, no sabe hacer examen de conciencia y no conoce muchos de los pecados que se cometen y de los que no es consciente... A mí me gusta mucho la confesión de los niños, pues ellos no son abstractos, dicen las cosas tal como son. Te hacen sonreír. Son sencillos: dicen lo que ha sucedido, saben que lo que han hecho está mal.

Si hay una repetitividad que se convierte en costumbre, es como si no se llegara a creer en el conocimiento de uno mismo y del Señor; es como no admitir haber pecado, tener heridas por curar. La confesión como rutina es un poco el ejemplo de la tintorería que ponía antes. Cuánta gente herida, también psicológicamente, que no admite estarlo. Esto lo diría pensando en quien se confiesa con el formulario...

Otra cosa es quien recae en el mismo pecado y sufre por ello, aquel a quien le cuesta volver a levantarse. Hay muchas personas humildes que confiesan sus recaídas. Lo importante, en la vida de cada hombre y de cada mujer, no es no volver a caer jamás por el camino. Lo importante es levantarse siempre, no quedarse en el suelo lamiéndose las heridas. El Señor de la misericordia me perdona siempre, de manera que me ofrece la posibilidad de volver a empezar siempre. Me ama por lo que soy, quiere levantarme, me tiende su mano. Ésta también es una tarea de la Iglesia: hacer saber a las personas que no hay situaciones de las que no se puede salir, que mientras estemos vivos es siempre posible volver a empezar, siempre y cuando permitamos a Jesús abrazarnos y perdonarnos.

En la época en que era rector del colegio Massimo de los jesuitas y párroco en Argentina, recuerdo a una madre que tenía niños pequeños y había sido abandonada por su marido. No tenía un trabajo fijo y tan sólo encontraba trabajos temporales algunos meses al año. Cuando no encontraba trabajo, para dar de comer a sus hijos era prostituta. Era humilde, frecuentaba la parroquia, intentábamos ayudarla a través de Cáritas. Recuerdo que un día —estábamos en la época de las fiestas navideñas— vino con sus hijos al colegio y preguntó por mí. Me llamaron y fui a recibirla. Había venido para darme las gracias. Yo creía que se trataba del paquete con los alimentos de Cáritas que le habíamos hecho llegar: «¿Lo ha recibido?», le pregunté. Y ella contestó: «Sí, sí, también le agradezco eso. Pero he venido aquí para darle las gracias sobre todo porque usted no ha dejado de llamarme señora». Son experiencias de las que uno aprende lo importante que es acoger con delicadeza a quien se tiene delante, no herir su dignidad. Para ella, el hecho de que el párroco, aun intuyendo la vida que llevaba en los meses en que no podía trabajar, la siguiese llamando «señora» era casi tan importante, o incluso más, que esa ayuda concreta que le dábamos.

¿Puedo preguntarle cuál es su experiencia como confesor con las personas homosexuales? Se hizo famosa aquella frase suya pronunciada durante la conferencia de prensa en el vuelo de regreso de Río de Janeiro: «¿Quién soy yo para juzgar?».

En esa ocasión, dije: «Si una persona es gay, busca al Señor y tiene buena voluntad, ¿quién soy yo para juzgarla?». Parafraseé de memoria el Catecismo de la Iglesia católica, donde se explica que estas personas deben ser tratadas con delicadeza y no deben ser marginadas. En primer lugar, me gusta que se hable de «personas homosexuales»: primero está la persona, con su entereza y dignidad. Y la persona no se define tan sólo por su tendencia sexual: no olvidemos que somos todos criaturas amadas por Dios, destinatarias de su infinito amor. Yo prefiero que las personas homosexuales vengan a confesarse, que permanezcan cerca del Señor, que podamos rezar juntos. Puedes aconsejarles la oración, la buena voluntad, señalarles el camino, acompañarlos.

¿Puede haber oposición entre verdad y misericordia, o entre doctrina y misericordia?

Respondo así: la misericordia es verdadera, es el primer atributo de Dios. Después podemos hacer reflexiones teológicas sobre doctrina y misericordia, pero sin olvidar que la misericordia es doctrina. Sin embargo, a mí me gusta más decir: la misericordia es verdadera. Cuando Jesús se halla ante una adúltera y la gente que estaba dispuesta a lapidarla aplicando la Ley mosaica, se detiene y escribe en la arena. No sabemos qué escribió, el Evangelio no lo dice, pero todos los que estaban allí, dispuestos a lanzar su piedra, la dejan caer y, uno tras otro, se marchan. Queda sólo la mujer, aún asustada tras haber estado a un paso de la muerte. A ella Jesús le dice: «Tampoco yo te condeno, vete y no peques más». No sabemos cómo fue su vida después de aquel encuentro, tras aquella intervención y aquellas palabras de Jesús. Sabemos que fue perdonada. Sabemos que Jesús dice que hay que perdonar setenta veces siete: lo importante es volver a menudo a las fuentes de la misericordia y de la gracia.

¿Por qué usted, comentando el Evangelio en las homilías matutinas en Santa Marta, habla tan a menudo de los «doctores de la Ley»? ¿Qué actitud representan?

Es una actitud que encontramos descrita en muchos episodios del Evangelio: son los principales opositores de Jesús, los que lo desafían en nombre de la doctrina. Es una actitud que encontramos también a lo largo de toda la historia de la Iglesia.

Durante una asamblea del Episcopado italiano, un hermano obispo citó una expresión tomada del *De Abrahán* de san Ambrosio: «Cuando se trata de dispensar la gracia, allí está presente Cristo; cuando se debe ejercer el rigor, tan sólo están presentes los ministros, pero Cristo está ausente». Pensemos en las muchas tendencias del pasado que vuelven a resurgir bajo otras formas: los cátaros, los pelagianos que se justifican a sí mismos por sus obras y por su esfuerzo voluntarista, actitud esta última ya contrastada de manera muy límpida en el texto de la Carta a los Romanos de san Pablo. Pensemos en el agnosticismo, que incluye esa espiritualidad *light,* sin encarnación. San Juan es muy claro sobre esto: quien niega que Cristo vino en carne y hueso, es el anticristo. Recuerdo siempre el fragmento del Evangelio de san Marcos (1, 40-45), donde se describe la cura del leproso por parte de Jesús. Una vez más, como en tantas otras páginas evangélicas, vemos que Jesús no permanece indiferente, sino que experimenta compasión, se deja implicar y herir por el dolor, por la enfermedad, por la necesidad de quien encuentra en el camino. No se echa atrás. La Ley de Moisés determinaba la exclusión de la ciudad para el enfermo de lepra, que debía quedarse fuera del campamento (Levítico 13, 45-46), en lugares desiertos, marginado y declarado impuro. Al sufrimiento de la enfermedad se sumaba el de la exclusión, la marginación y la soledad. Intentemos imaginar la carga de sufrimiento y de vergüenza que debía llevar el enfermo de lepra, que se sentía no sólo víctima de la enfermedad, sino también culpable, castigado por sus pecados. La Ley que llevaba a marginar sin piedad al leproso tenía como finalidad evitar el contagio: había que proteger a los sanos.

Jesús se mueve siguiendo otra lógica. Por su propia cuenta y riesgo se acerca al leproso, lo reintegra y lo cura. Y nos hace así descubrir un nuevo horizonte, el de la lógica de un Dios que es amor, un Dios que quiere la salvación de todos los hombres. Jesús ha tocado al leproso, lo ha reintegrado en la comunidad. No se ha parado a estudiar concienzudamente la situación, no ha preguntado a los expertos los pros y los contras. Para Él, lo que cuenta realmente es alcanzar a los lejanos y salvarlos, como el buen pastor que deja a la grey para ir a buscar a la ovejita perdida. Entonces, como hoy, esta lógica y esta actitud pueden escandalizar, provocan la queja de quien está acostumbrado siempre, y solamente, a hacer que todo entre en sus propios esquemas mentales y en la propia puridad ritualista, en lugar de dejarse sorprender por la realidad, por un amor y por una medida más grandes. Jesús va a curar y a integrar a los marginados que están fuera de la ciudad, fuera del campamento. Haciendo eso nos señala a nosotros el camino. En este fragmento evangélico nos encontramos frente a dos lógicas de pensamiento y de fe. Por un lado, el miedo de perder a los justos, los salvados, las ovejas que están ya dentro del redil, a buen recaudo. Por otro, el deseo de salvar a los pecadores, los perdidos, los que están fuera del recinto. La primera es la lógica de los doctores de la Ley, la segunda es la lógica de Dios, que acoge, abraza, transfigura el mal en bien, transforma y redime mi pecado, transmuta la condena en salvación. Jesús entra en contacto con el leproso, lo toca. Haciendo esto nos enseña a nosotros qué debemos hacer, qué lógica seguir frente a las personas que sufren física y espiritualmente. Tenemos este ejemplo que seguir, venciendo prejuicios y rigideces, al igual que les sucedió a los apóstoles en los albores de la Iglesia, cuando debieron vencer, por ejemplo, las resistencias de aquellos que exigían la observancia incondicionada de la Ley de Moisés también por parte de los paganos convertidos.

¿Y qué hay del riesgo de «contagio», del riesgo de dejarse contaminar?

Hay que entrar en la oscuridad, en la noche que atraviesan tantos hermanos nuestros. Ser capaces de entrar en contacto con ellos, de hacer notar nuestra cercanía, sin dejarnos envolver y condicionar por esa oscuridad. Ir hacia los marginados, hacia los pecadores, no significa permitir a los lobos entrar en la grey. Significa tratar de llegar a todos testimoniando la misericordia, la que hemos experimentado nosotros en primer lugar, sin caer jamás en la tentación de sentirnos como los justos o los perfectos. Cuanto más viva está la conciencia de nuestra miseria y de nuestro pecado, cuanto más experimentamos el amor y la infinita misericordia de Dios sobre nosotros, tanto más somos capaces de estar frente a los muchos «heridos» que encontramos en nuestro camino con una mirada de bienvenida y de misericordia. Y, en consecuencia, evitando la actitud de quien juzga y condena desde la atalaya de su propia seguridad, buscando la paja en el ojo ajeno sin ver nunca la viga en el propio. Acordémonos siempre de que nuestro Dios celebra más a un pecador que vuelve al redil que a noventa y nueve justos que no necesitan conversión. Cuando alguno empieza a descubrirse enfermo del alma, cuando el Espíritu Santo —es decir, la gracia de Dios— actúa y mueve el corazón hacia un inicial reconocimiento del propio pecado, debe encontrar las puertas abiertas, no cerradas. Debe encontrar un buen recibimiento, no juicio, prejuicio o condena. Debe ser ayudado, no rechazado o mantenido en los márgenes. A veces se corre el riesgo de que los cristianos, con su psicología de doctores de la Ley, apaguen lo que el Espíritu Santo enciende en el corazón de un pecador, de alguien que está en el umbral, de alguien que empieza a advertir la nostalgia de Dios. Pero quisiera advertir otra actitud de los doctores de la Ley, para decir cómo en ellos hay a menudo hipocresía, una adhesión formal a la Ley que oculta heridas muy profundas. Jesús emplea palabras muy duras, los llama «sepulcros blanqueados», observantes tan sólo externamente, pero por dentro, en lo más íntimo, hipócritas. Hombres que vivían pegados a la letra de la Ley, pero que prescindían del amor, hombres que tan sólo sabían cerrar las puertas y marcar las fronteras. El capítulo 23 del Evangelio de san Mateo es muy claro, debemos volver sobre él para comprender qué es la Iglesia y qué no debe ser nunca. Se describe la actitud de aquellos que atan pesados fardos y los cargan sobre las espaldas de la gente, mientras ellos no quieren moverlos ni siquiera con un dedo; son aquellos que aman los primeros puestos, que desean ser llamados maestros. En el origen de estas actitudes está la pérdida del asombro frente a la salvación que te ha sido dada. Cuando uno se siente un poco más seguro, empieza a adueñarse de facultades que no son suyas, sino del Señor. El estupor empieza a degradarse, y esto está en la base del clericalismo o de la actitud de aquellos que se sienten puros. La adhesión formal a las reglas, a nuestros esquemas mentales, prevalece. El asombro degrada, creemos poder hacer las cosas solos, ser nosotros los protagonistas. Y, si uno es un ministro de Dios, acaba por creerse separado del pueblo, dueño de la doctrina, titular de un poder, sordo a las sorpresas de Dios. La «degradación del asombro» es una expresión que a mí me dice muchas cosas. A veces me he sorprendido a mí mismo pensando que a algunas personas tan rígidas les iría bien un resbalón: reconociéndose pecadores, encontrarían a Jesús. Me vienen a la memoria las palabras del siervo de Dios, Juan Pablo I, que durante una audiencia del miércoles dijo: «El Señor ama tanto la humildad que, a veces, permite pecados graves. ¿Por qué? Porque los que han cometido esos pecados, tras haberse arrepentido, pasan a ser humildes. No dan ganas de creerse medio ángeles cuando se sabe que se han cometido faltas graves». Y pocos días después, en otra ocasión, el propio papa Luciani había recordado que san Francisco de Sales hablaba de «nuestras queridas imperfecciones»: «Dios detesta las carencias, pues son carencias. Pero por otro lado, en cierto sentido, le gustan las carencias en tanto que le dan a Él la ocasión de mostrar su misericordia y a nosotros la de volvernos humildes, y entender y compartir las carencias del prójimo».

Usted ha citado varias veces ejemplos y actitudes de cerrazón. ¿Qué es lo que aleja a las personas de la Iglesia?

Precisamente estos días he recibido un correo electrónico de una señora que vive en una ciudad argentina. Me cuenta que hace veinte años se dirigió al tribunal eclesiástico para empezar el proceso de nulidad matrimonial. Las razones eran serias y fundadas. Un sacerdote le había dicho que se podía conseguir sin problema, pues se trataba de un caso muy claro en lo que respecta a la valoración de las causas de nulidad. Pero en primer lugar, al recibirla, le había pedido que pagara cinco mil dólares. Ella se escandalizó y abandonó la Iglesia. La llamé por teléfono y hablé con ella. Me contó que tenía dos hijas muy comprometidas con la parroquia. Y me habló de un caso que acababa de suceder en su ciudad: un recién nacido de pocos días murió sin bautizar, en una clínica. El cura no dejó entrar en la iglesia a los padres con el ataúd del pequeño, hizo que se quedaran en la puerta, pues el niño no estaba bautizado y, así pues, no podía ir más allá del umbral. Cuando la gente se encuentra frente a estos feos ejemplos, en los que ve prevalecer el interés o la poca misericordia y la cerrazón, se escandaliza.

En la exhortación Evangelii gaudium *usted escribió: «Un pequeño paso, en medio de los grandes límites humanos, puede ser más apreciado por Dios que la vida exteriormente correcta de quien pasa sus días sin enfrentarse a importantes dificultades». ¿Qué significa?*

Me parece muy claro. Ésta es la doctrina católica, forma parte de la gran Ley de la Iglesia, que es aquella del *et et,* y no la del *aut aut.* Para algunas personas, por las condiciones en que se encuentran, por el drama humano que están viviendo, un pequeño paso, un pequeño cambio, vale muchísimo a los ojos de Dios. Recuerdo el encuentro con una muchacha en la entrada de un santuario. Era guapa y sonriente. Me dijo: «Estoy contenta, padre, vengo a darle las gracias a la Virgen por una gracia que recibí». Era la mayor de sus hermanos, no tenía padre y para ayudar a mantener a la familia se prostituía: «En mi pueblo no había otro trabajo…». Me contó que un día al prostíbulo llegó un hombre. Estaba allí por trabajo, venía de una gran ciudad. Se gustaron y al final él le propuso que lo acompañara. Durante mucho tiempo ella le pidió a la Virgen que le diera un trabajo que le permitiera cambiar de vida. Estaba muy contenta de poder dejar de hacer lo que hacía. Yo le hice dos preguntas: la primera tenía que ver con la edad del hombre que había conocido. Intentaba asegurarme de que no se tratara de una persona mayor que quisiera aprovecharse de ella. Me dijo que era joven. Y después le pregunté: «¿Y te casarías con él?». Y ella contestó: «Yo quisiera, pero no oso aún pedírselo por miedo a asustarlo…». Estaba muy contenta de poder dejar ese mundo donde había vivido para mantener a su familia.

Otro ejemplo de gesto aparentemente pequeño, pero grande a los ojos de Dios, es el que hacen tantas madres y esposas que el sábado o el domingo hacen cola en la entrada de las cárceles para llevar comida y regalos a los hijos o a los maridos presos. Se someten a la humillación de los cacheos. No reniegan de sus hijos o maridos que se han equivocado, van a visitarlos. Ese gesto en apariencia tan pequeño y tan grande a los ojos de Dios es un gesto de misericordia, a pesar de los errores cometidos por sus seres queridos.

VII

Pecadores sí, corruptos no

En la bula de convocación del Año Santo de la Misericordia, usted escribió: «Si Dios se ajustase sólo a la justicia dejaría de ser Dios, sería como todos los hombres que invocan el respeto de la ley. La justicia sola no basta, y la experiencia enseña que apelar sólo a ella es correr el riesgo de destruirla». ¿Qué relación hay entre misericordia y justicia?

En el Libro de la Sabiduría (12, 18-19) leemos: «Tú, dueño de la fuerza, juzgas con clemencia y nos gobiernas con mucha indulgencia [...]. Actuando así has enseñado a tu pueblo que el justo debe amar a los hombres; además has llenado a tus hijos de dulce esperanza, pues Tú concedes después de los pecados la posibilidad de arrepentirse».

La misericordia es un elemento importante, mejor dicho, indispensable, en las relaciones entre los hombres para que haya hermandad. La sola medida de la justicia no basta. Con la misericordia y el perdón, Dios va más allá de la justicia, la engloba y la supera en un evento superior en el que se experimenta el amor, que está en la base de una verdadera justicia.

¿La misericordia tiene también una valencia pública? ¿Qué reverberación puede tener en la vida social?

Pues sí, la tiene. Pensemos en el Piamonte de finales del siglo XIX, en las casas de misericordia, en los santos de la misericordia, el Cottolengo, don Bosco… El Cottolengo con los enfermos, don Cafasso acompañando a los condenados a la horca. Pensemos en qué significan hoy las obras empezadas por la beata madre Teresa de Calcuta, algo que va contra todos los cálculos humanos: dar la vida para ayudar a ancianos y enfermos, ayudar a los más pobres entre los pobres a morir dignamente en una cama limpia. Esto viene de Dios. El cristianismo ha asumido la herencia de la tradición judía, la enseñanza de los profetas sobre la protección del huérfano, de la viuda y del extranjero. La misericordia y el perdón son importantes también en las relaciones sociales y en las relaciones entre los Estados. San Juan Pablo II, en el mensaje para la Jornada Mundial de la Paz de 2002, al día siguiente de los ataques terroristas en Estados Unidos, había afirmado que no hay justicia sin perdón y que la capacidad de perdón está en la base de todo proyecto de una sociedad futura más justa y solidaria. La falta de perdón, el recurrir a la ley del «ojo por ojo, diente por diente», corre el riesgo de alimentar una espiral de conflictos sin fin.

¿Puedo preguntarle cómo se concilia la justicia terrenal con la misericordia, sobre todo en los casos de quien se ha manchado con graves culpas y con delitos terribles?

También en la justicia terrenal, en la normativa judicial, se está abriendo camino una conciencia nueva. Hemos citado ya en otro momento de esta charla la norma *in dubio pro reo*. Pensemos en lo mucho que ha crecido la conciencia mundial del rechazo a la pena de muerte. Pensemos en lo mucho que se está intentando hacer para la reinserción social de los presos, para que quien se ha equivocado, tras haber pagado su deuda con la justicia, pueda encontrar con más facilidad un trabajo y no quedar en los márgenes de la sociedad.

He usado una cruz pastoral de madera de olivo realizada en un taller de carpintería que forma parte de un proyecto de inserción de detenidos y exdrogodependientes. Sé de algunas iniciativas positivas de trabajo dentro de las cárceles. La misericordia divina contagia a la humanidad. Jesús era Dios, pero era también hombre, y en su persona encontramos también la misericordia humana. Con la misericordia, la justicia es más justa, se realiza realmente a sí misma. Esto no significa tener la manga ancha, en el sentido de abrir las puertas de las cárceles a quien se ha manchado con delitos graves. Significa que debemos ayudar a que los que han caído no se queden en el suelo. Es difícil ponerlo en práctica, pues a veces preferimos encerrar a alguien en una prisión para toda la vida en lugar de intentar recuperarlo, ayudando a que se reinserte en la sociedad.

Dios lo perdona todo, ofrece una nueva posibilidad a todo el mundo, difunde su misericordia sobre todos aquellos que la piden. Somos nosotros los que no sabemos perdonar.

Usted dijo durante una homilía en Santa Marta: «¡Pecadores sí, corruptos no!». ¿Qué diferencia hay entre pecado y corrupción?

La corrupción es el pecado que, en lugar de ser reconocido como tal y de hacernos humildes, es elevado a sistema, se convierte en una costumbre mental, una manera de vivir. Ya no nos sentimos necesitados de perdón y de misericordia, sino que justificamos nuestros comportamientos y a nosotros mismos. Jesús les dice a sus discípulos: si un hermano tuyo te ofende siete veces al día y siete veces al día vuelve a ti a pedirte perdón, perdónalo. El pecador arrepentido, que después cae y recae en el pecado a causa de su debilidad, halla nuevamente perdón si se reconoce necesitado de misericordia. El corrupto, en cambio, es aquel que peca y no se arrepiente, el que peca y finge ser cristiano, y con su doble vida escandaliza.

El corrupto no conoce la humildad, no se considera necesitado de ayuda y lleva una doble vida. En 1991 le dediqué a este tema un largo artículo, publicado como un pequeño libro, *Corrupción y pecado*. No hay que aceptar el estado de corrupción como si fuera solamente un pecado más: aunque a menudo se identifica la corrupción con el pecado, en realidad se trata de dos realidades distintas, aunque relacionadas entre sí. El pecado, sobre todo si es reiterado, puede llevar a la corrupción, pero no cuantitativamente —en el sentido de que un cierto número de pecados hacen un corrupto—, sino más bien cualitativamente: se generan costumbres que limitan la capacidad de amar y llevan a la autosuficiencia. El corrupto se cansa de pedir perdón y acaba por creer que no debe pedirlo más. Uno no se transforma de golpe en corrupto, hay una cuesta pronunciada por la que se resbala y que no se identifica simplemente con una serie de pecados. Uno puede ser un gran pecador y, a pesar de ello, puede no haber caído en la corrupción. Mirando el Evangelio, pienso por ejemplo en las figuras de Zaqueo, de Mateo, de la samaritana, de Nicodemo y del buen ladrón: en su corazón pecador todos tenían algo que los salvaba de la corrupción. Estaban abiertos al perdón, su corazón advertía su propia debilidad y ésta ha sido la grieta que ha permitido que entrara la fuerza de Dios. El pecador, al reconocerse como tal, de algún modo admite que aquello a lo que se adhirió, o se adhiere, es falso. El corrupto, en cambio, oculta lo que considera su auténtico tesoro, lo que le hace esclavo, y enmascara su vicio con la buena educación, logrando siempre salvar las apariencias.

Aun más que el pecado, la corrupción tiene un significativo rostro social: basta leer las crónicas de los periódicos…

La corrupción no es un acto, sino una condición, un estado personal y social en el que uno se acostumbra a vivir. El corrupto está tan encerrado y saciado en la satisfacción de su autosuficiencia que no se deja cuestionar por nada ni por nadie. Ha construido una autoestima que se basa en actitudes fraudulentas: pasa la vida en mitad de los atajos del oportunismo, a expensas de su propia dignidad y de la de los demás. El corrupto tiene siempre la expresión de quien dice: «¡No he sido yo!». La que mi abuela llamaba «cara de santurrón». El corrupto es el que se indigna porque le roban la cartera y se lamenta por la poca seguridad que hay en las calles, pero después engaña al Estado evadiendo impuestos y quizá hasta despide a sus empleados cada tres meses para evitar hacerles un contrato indefinido, o bien se aprovecha del trabajo en negro. Y después presume incluso con los amigos de estas astucias suyas. Es el que quizá va a misa cada domingo, pero no tiene ningún problema en aprovecharse de su posición de poder reclamando el pago de sobornos. La corrupción hace perder el pudor que custodia la verdad, la bondad y la belleza. El corrupto a menudo no se da cuenta de su estado, precisamente como quien tiene mal aliento y no se da cuenta. Y no es fácil para el corrupto salir de esta condición a través de un remordimiento interior. Generalmente, el Señor lo salva mediante las grandes pruebas de la vida, situaciones que no puede evitar y que rompen el caparazón construido poco a poco, permitiendo así que entre la gracia de Dios.

Debemos repetirlo: ¡pecadores sí, corruptos no! Pecadores sí. Como decía el publicano en el templo, sin tener ni siquiera el valor de levantar los ojos hacia el cielo. Pecadores sí, como Pedro se reconoció llorando amargamente tras haber renegado de Jesús. Pecadores sí. Como tan sabiamente nos hace reconocer la Iglesia al comienzo de la misa, cuando se nos invita a golpearnos el pecho, es decir, a reconocernos necesitados de salvación y de misericordia. Tenemos que rezar de una manera especial durante este Jubileo para que Dios haga mella también en los corazones de los corruptos, otorgándoles la gracia de la vergüenza, la gracia de reconocerse pecadores necesitados de su perdón.

Usted ha dicho varias veces: «Dios no se cansa nunca de perdonar, somos nosotros los que nos cansamos de pedirle perdón». ¿Por qué Dios no se cansa nunca de perdonarnos?

Porque es Dios, porque Él es misericordia, y porque la misericordia es el primer atributo de Dios. Es el nombre de Dios.

No hay situaciones de las que no podamos salir, no estamos condenados a hundirnos en arenas movedizas, en las que, cuanto más nos movemos, más nos hundimos. Jesús está allí, con la mano tendida, dispuesto a agarrarnos y a sacarnos fuera del barro, del pecado, también del abismo del mal en que hemos caído. Tan sólo debemos tomar conciencia de nuestro estado, ser honestos con nosotros mismos, no lamernos las heridas. Pedir la gracia de reconocernos pecadores, responsables de ese mal. Cuanto más nos reconocemos como necesitados, más nos avergonzamos y nos humillamos, más pronto nos vemos invadidos por su abrazo de gracia. Jesús nos espera, nos precede, nos tiende la mano, tiene paciencia con nosotros. Dios es fiel.

La misericordia será siempre más grande que cualquier pecado, nadie puede ponerle un límite al amor de Dios cuando perdona. Basta con mirarlo a Él, basta con levantar la mirada concentrada sobre nuestro yo y nuestras heridas y dejar al menos una grieta a la acción de su gracia. Jesús hace milagros también con nuestro pecado, con lo que somos, con nuestra nada, con nuestra miseria.

Pienso en el milagro de las bodas de Caná, el primer milagro que a Jesús le fue literalmente «arrancado» por su Madre. Jesús transformó el agua en vino, del mejor, del más bueno. Lo hizo usando el agua de las jarras que servían para la purificación ritual, para lavarse las propias inmundicias espirituales. El Señor no hizo surgir el vino de la nada, sino que usó el agua de los recipientes en que se habían «lavado» los pecados, el agua que contiene impurezas. Realiza un milagro con lo que a nosotros nos parece impuro. Lo transforma, haciendo evidente la afirmación de san Pablo apóstol en la Carta a los Romanos: «Donde abundó el pecado, abundó la gracia» (5, 20).

Los padres de la Iglesia hablan de esto. San Ambrosio, en concreto, dice: «La culpa nos ha beneficiado más de lo que nos ha perjudicado, pues ésta ha dado ocasión a la misericordia divina de re-dimirnos» (*De institutione virginis,* 104). Y también: «Dios ha preferido que hubiera más hombres que salvar y a los que poder perdonar el pecado que tener tan sólo un único Adán que quedara libre de culpa» (*De paradiso,* 47).

¿Cómo se puede enseñar la misericordia a los niños?

Acostumbrándolos a las historias del Evangelio, a las parábolas. Dialogando con ellos y, sobre todo, haciéndoles experimentar la misericordia. Haciéndoles entender que en la vida uno puede equivocarse, pero que lo importante es siempre levantarse. Hablando de la familia, he dicho que es el hospital más cercano: cuando uno está enfermo se cura allí, hasta que es posible. La familia es la primera escuela de los niños, es el punto de referencia imprescindible para los jóvenes, es el mejor asilo para los ancianos. Añado que la familia es también la primera escuela de la misericordia, porque allí se es amado y se aprende a amar, se es perdonado y se aprende a perdonar.

Pienso en la mirada de una madre que se desloma trabajando para llevar a casa el pan al hijo drogodependiente. A pesar de sus errores, lo ama.

VIII

Misericordia y compasión

¿Qué diferencias y qué afinidades hay entre miseri-
cordia y compasión?

La misericordia es divina, tiene más que ver con el
juicio sobre nuestro pecado. La compasión tiene
un rostro más humano. Significa sufrir con…, sufrir juntos, no permanecer indiferentes al dolor y
al sufrimiento ajenos. Es lo que Jesús sentía cuando veía a las multitudes que lo seguían. Había in-
vitado a los apóstoles, separadamente, a un lugar
desierto, escribe san Marcos en su Evangelio. La
multitud los vio marcharse en una barca, entendió
adónde se dirigían y se encaminó hacia allí a pie,
adelantándolos. Jesús descendió de la barca, «vio
una gran multitud, tuvo compasión de ellos, pues

eran como ovejas sin pastor, y se puso a enseñarles muchas cosas» (6, 34).

Pensemos en la bellísima página que describe la resurrección del hijo de la viuda de Naín, cuando Jesús, al llegar a esa aldea de Galilea, se conmueve ante las lágrimas de esta mujer, viuda, destruida por la pérdida de su único hijo. Le dice: «Mujer, no llores». Escribe san Lucas: «Viéndola, al Señor le sobrevino una gran compasión por él» (7, 13). El Dios hecho hombre se deja conmover por la miseria humana, por nuestra necesidad, por nuestro sufrimiento. El verbo griego que indica esta compasión es σπλαγχνίζομαι *(splanchnízomai)* y deriva de la palabra que indica las vísceras o el útero materno. Es parecido al amor de un padre y de una madre que se conmueven en lo más hondo por su propio hijo, es un amor visceral. Dios nos ama de este modo con compasión y con misericordia. Jesús no mira la realidad desde fuera, sin dejarse arañar, como si sacara una fotografía. Se deja implicar. De esta compasión necesitamos hoy para vencer la globalización de la indiferencia. De esta mirada necesitamos cuando nos encontramos frente a un pobre, un marginado o un pecador. Una compasión que se alimenta de la conciencia de que nosotros somos también pecadores.

¿Qué afinidades y qué diferencias existen entre la misericordia de Dios y la de los hombres?

Este paralelismo puede hacerse con todas las virtudes y con todos los atributos de Dios. Ir por el camino de la santidad significa vivir en presencia de Dios, ser irreprochable, poner la otra mejilla; es decir, imitar su infinita misericordia. «Si alguien te obliga a acompañarlo una milla, ve con él dos» (Mateo 5, 41); «A quien te quita la capa, no le niegues la túnica» (Lucas 6, 29); «Da a quien te pida, y a quien quiera de ti un préstamo no le des la espalda» (Mateo 5, 42). Y finalmente: «Amad a vuestros enemigos y rezad por vuestros perseguidores» (Mateo 5, 44). Son muchas las enseñanzas del Evangelio que nos ayudan a entender la sobreabundancia de la misericordia, la lógica de Dios.

Jesús envía a los suyos no como titulares de un poder o como dueños de la Ley. Los envía por el mundo pidiéndoles que vivan en la lógica del amor y de la gratuidad. El anuncio cristiano se transmite acogiendo a quien tiene dificultades, acogiendo al excluido, al marginado, al pecador. En los Evangelios leemos la parábola del rey y de los invitados a la fiesta de la boda de su hijo (Mateo 22, 1-14; Lucas 14, 15-24). Sucede que no se presentan al banquete aquellos que habían sido invitados, es decir, los mejores súbditos, los que se sienten bien, que prescinden de la invitación porque están demasiado ocupados. De manera que el rey ordena a sus criados que salgan a la calle, que vayan a los cruces de caminos y que recluten a cuantos encuentren, buenos y malos, para que participen en el banquete.

IX

Para vivir el Jubileo

¿Cuáles son las experiencias más importantes que un creyente debe vivir en el Año Santo de la Misericordia?

Abrirse a la misericordia de Dios, abrirse a sí mismo y a su propio corazón, permitir a Jesús que le salga al encuentro, acercándose con confianza al confesionario. E intentar ser misericordioso con los demás.

¿Las famosas «obras de misericordia» de la tradición cristiana son aún válidas en este tercer milenio, o bien hace falta revisarlas?

Son actuales, son válidas. Quizá en algunos casos se pueden «traducir» mejor, pero siguen siendo la base para nuestro examen de conciencia. Nos ayudan a abrirnos a la misericordia de Dios, a pedir la gracia de entender que sin misericordia la persona no puede hacer nada, que no puedes hacer nada y que «el mundo no existiría», como decía la viejecita que conocí en 1992.

Miremos en primer lugar las siete obras de misericordia corporal: dar de comer al hambriento; dar de beber al sediento; vestir al desnudo; dar alojamiento a los peregrinos; visitar a los enfermos; visitar a los presos y enterrar a los muertos. Me parece que no hay mucho que explicar. Y si miramos nuestra situación, nuestras sociedades, me parece que no faltan circunstancias y ocasiones a nuestro alrededor. Frente al sin techo que se instala delante de nuestra casa, al pobre que no tiene que comer, a la familia de nuestros vecinos que no llega a fin de mes a causa de la crisis, porque el marido ha perdido el trabajo, ¿qué debemos hacer? Frente a los inmigrantes que sobreviven a la travesía y desembarcan en nuestras costas, ¿cómo debemos comportarnos? Frente a los ancianos solos, abandonados, que no tienen a nadie, ¿qué debemos hacer?

Gratuitamente hemos recibido y gratuitamente damos. Estamos llamados a servir a Jesús crucificado en cada persona marginada. A tocar la carne de Cristo en quien ha sido excluido, tiene hambre, sed, está desnudo, encarcelado, enfermo, desocupado, perseguido o prófugo. Allí encontramos a nuestro Dios, allí tocamos al Señor. Nos lo ha dicho el propio Jesús, explicando cuál será el protocolo según el cual todos seremos juzgados: cada vez que le hayamos hecho esto al más pequeño de nuestros hermanos, se lo habremos hecho a Él (Evangelio de san Mateo 25, 31-46).

A las obras de misericordia corporal siguen las de misericordia espiritual: aconsejar a los que dudan, enseñar a los ignorantes, advertir a los pecadores, consolar a los afligidos, perdonar las ofensas, soportar pacientemente a las personas molestas, rezar a Dios por los vivos y por los muertos. Pensemos en las primeras cuatro obras de misericordia espiritual: ¿no tienen algo que ver, en el fondo, con lo que hemos llamado «el apostolado de la oreja»? Acercarse, saber escuchar, aconsejar y ense-

ñar sobre todo con nuestro testimonio. Al acoger
al marginado que tiene el cuerpo herido, y al acoger al pecador con el alma herida, se juega nuestra
credibilidad como cristianos. Recordemos siempre las palabras de san Juan de la Cruz: «En la noche de la vida, seremos juzgados en función del
amor».

Apéndice

LA SANTA SEDE

Misericordiae Vultus

*Bula de convocación del jubileo
extraordinario de la misericordia*

FRANCISCO OBISPO DE ROMA SIERVO DE LOS SIERVOS DE DIOS
A CUANTOS LEAN ESTA CARTA GRACIA, MISERICORDIA Y PAZ

1. Jesucristo es el rostro de la misericordia del Padre. El misterio de la fe cristiana parece encontrar su síntesis en esta palabra. Ella se ha vuelto viva, visible y ha alcanzado su culmen en Jesús de Nazaret. El Padre, «rico en misericordia» (Ef 2,4), después de haber revelado su nombre a Moisés como «Dios compasivo y misericordioso, lento a la ira, y pródigo en amor y fidelidad» (Ex 34,6) no ha cesado de dar a conocer en varios modos y en tantos momentos de la historia su naturaleza divina. En la «plenitud del tiempo» (Gal 4,4), cuando todo estaba dispuesto según su plan de salvación, Él envió a su Hijo nacido de la Virgen María para revelarnos de manera definitiva su amor. Quien lo ve a Él ve al Padre (cfr Jn 14,9).

Jesús de Nazaret con su palabra, con sus gestos y con toda su persona[1] revela la misericordia de Dios.

2. Siempre tenemos necesidad de contemplar el misterio de la misericordia. Es fuente de alegría, de serenidad y de paz. Es condición para nuestra salvación. Misericordia: es la palabra que revela el misterio de la Santísima Trinidad. Misericordia: es el acto último y supremo con el cual Dios viene a nuestro encuentro. Misericordia: es la ley fundamental que habita en el corazón de cada persona cuando mira con ojos sinceros al hermano que encuentra en el camino de la vida. Misericordia: es la vía que une Dios y el hombre, porque abre el corazón a la esperanza de ser amados para siempre no obstante el límite de nuestro pecado.

3. Hay momentos en los que de un modo mucho más intenso estamos llamados a tener la mirada fija en la misericordia para poder ser también nosotros mismos signo eficaz del obrar del Padre. Es por esto que he anunciado un *Jubileo Extraordinario de la Misericordia* como tiempo propicio

para la Iglesia, para que haga más fuerte y eficaz el testimonio de los creyentes.

El Año Santo se abrirá el 8 de diciembre de 2015, solemnidad de la Inmaculada Concepción. Esta fiesta litúrgica indica el modo de obrar de Dios desde los albores de nuestra historia. Después del pecado de Adán y Eva, Dios no quiso dejar la humanidad en soledad y a merced del mal. Por esto pensó y quiso a María santa e inmaculada en el amor (cfr Ef 1,4), para que fuese la Madre del Redentor del hombre. Ante la gravedad del pecado, Dios responde con la plenitud del perdón. La misericordia siempre será más grande que cualquier pecado y nadie podrá poner un límite al amor de Dios que perdona. En la fiesta de la Inmaculada Concepción tendré la alegría de abrir la Puerta Santa. En esta ocasión será una *Puerta de la Misericordia,* a través de la cual cualquiera que entrará podrá experimentar el amor de Dios que consuela, que perdona y ofrece esperanza.

El domingo siguiente, III de Adviento, se abrirá la Puerta Santa en la Catedral de Roma, la Basílica de San Juan de Letrán. Sucesivamente se abrirá la Puerta Santa en las otras Basílicas Papales. Para el mismo domingo establezco que en cada Iglesia particular, en la Catedral que es la Iglesia Madre para todos los fieles, o en la Concatedral o en una iglesia de significado especial se abra por todo el Año Santo una idéntica Puerta de la Misericordia. A juicio del Ordinario, ella podrá ser abierta también en los Santuarios, meta de tantos peregrinos que en estos lugares santos con frecuencia son tocados en el corazón por la gracia y encuentran el camino de la conversión. Cada Iglesia particular, entonces, estará directamente comprometida a vivir este Año Santo como un momento extraordinario de gracia y de renovación espiritual. El Jubileo, por tanto, será celebrado en Roma así como en las Iglesias particulares como signo visible de la comunión de toda la Iglesia.

4. He escogido la fecha del 8 de diciembre por su gran significado en la historia reciente de la Iglesia. En efecto, abriré la Puerta Santa en el quincuagésimo aniversario de la conclusión del Concilio Ecuménico Vaticano II. La Iglesia siente

la necesidad de mantener vivo este evento. Para ella iniciaba un nuevo periodo de su historia. Los Padres reunidos en el Concilio habían percibido intensamente, como un verdadero soplo del Espíritu, la exigencia de hablar de Dios a los hombres de su tiempo en un modo más comprensible. Derrumbadas las murallas que por mucho tiempo habían recluido la Iglesia en una ciudadela privilegiada, había llegado el tiempo de anunciar el Evangelio de un modo nuevo. Una nueva etapa en la evangelización de siempre. Un nuevo compromiso para todos los cristianos de testimoniar con mayor entusiasmo y convicción la propia fe. La Iglesia sentía la responsabilidad de ser en el mundo signo vivo del amor del Padre.

Vuelven a la mente las palabras cargadas de significado que san Juan XXIII pronunció en la apertura del Concilio para indicar el camino a seguir: «En nuestro tiempo, la Esposa de Cristo prefiere usar la medicina de la misericordia y no empuñar las armas de la severidad . . . La Iglesia Católica, al elevar por medio de este Concilio Ecuménico la antorcha de la verdad católica, quiere mostrarse madre amable de todos, benigna, paciente, llena de misericordia y de bondad para con los hijos separados de ella».[2] En el mismo horizonte se colocaba también el beato Pablo VI quien, en la Conclusión del Concilio, se expresaba de esta manera: «Queremos más bien notar cómo la religión de nuestro Concilio ha sido principalmente la caridad . . . La antigua historia del samaritano ha sido la pauta de la espiritualidad del Concilio . . . Una corriente de afecto y admiración se ha volcado del Concilio hacia el mundo moderno. Ha reprobado los errores, sí, porque lo exige, no menos la caridad que la verdad, pero, para las personas, sólo invitación, respeto y amor. El Concilio ha enviado al mundo contemporáneo en lugar de deprimentes diagnósticos, remedios alentadores, en vez de funestos presagios, mensajes de esperanza: sus valores no sólo han sido respetados sino honrados, sostenidos sus incesantes esfuerzos, sus aspiraciones, purificadas y bendecidas . . . Otra cosa debemos destacar aún: toda esta riqueza doctrinal se vuelca en una única dirección: servir al hombre. Al hombre en todas sus condiciones, en todas sus debilidades, en todas sus necesidades».[3]

Con estos sentimientos de agradecimiento por cuanto la Iglesia ha recibido y de responsabilidad por la tarea que nos espera, atravesaremos la Puerta Santa, en la plena confianza de sabernos acompañados por la fuerza del Señor Resucitado que continúa sosteniendo nuestra peregrinación. El Espíritu Santo que conduce los pasos de los creyentes para que cooperen en la obra de salvación realizada por Cristo, sea guía y apoyo del Pueblo de Dios para ayudarlo a contemplar el rostro de la misericordia.[4]

5. El Año Jubilar se concluirá en la solemnidad litúrgica de Jesucristo Rey del Universo, el 20 de noviembre de 2016. En ese día, cerrando la Puerta Santa, tendremos ante todo sentimientos de gratitud y de reconocimiento hacia la Santísima Trinidad por habernos concedido un tiempo extraordinario de gracia. Encomendaremos la vida de la Iglesia, la humanidad entera y el inmenso cosmos a la Señoría de Cristo, esperando que derrame su misericordia como el rocío de la mañana para una fecunda historia, todavía por construir con el compromiso de todos en el

próximo futuro. ¡Cómo deseo que los años por venir estén impregnados de misericordia para poder ir al encuentro de cada persona llevando la bondad y la ternura de Dios! A todos, creyentes y lejanos, pueda llegar el bálsamo de la misericordia como signo del Reino de Dios que está ya presente en medio de nosotros.

6. «Es propio de Dios usar misericordia y especialmente en esto se manifiesta su omnipotencia».[5] Las palabras de santo Tomás de Aquino muestran cuánto la misericordia divina no sea en absoluto un signo de debilidad, sino más bien la cualidad de la omnipotencia de Dios. Es por esto que la liturgia, en una de las colectas más antiguas, invita a orar diciendo: «Oh Dios que revelas tu omnipotencia sobre todo en la misericordia y el perdón».[6] Dios será siempre para la humanidad como Aquel que está presente, cercano, providente, santo y misericordioso.

"Paciente y misericordioso" es el binomio que a menudo aparece en el Antiguo Testamento para describir la naturaleza de Dios. Su ser misericordioso se constata concretamente en tantas acciones de la historia de la salvación donde su bondad prevalece por encima del castigo y la destrucción. Los Salmos, en modo particular, destacan esta grandeza del proceder divino: «Él perdona todas tus culpas, y cura todas tus dolencias; rescata tu vida del sepulcro, te corona de gracia y de misericordia» (103,3–4). De una manera aún más explícita, otro Salmo testimonia los signos concretos de su misericordia: «El Señor libera a los cautivos, abre los ojos de los ciegos y levanta al caído; el Señor protege a los extranjeros y sustenta al huérfano y a la viuda; el Señor ama a los justos y entorpece el camino de los malvados» (146,7–9). Por último, he aquí otras expresiones del salmista: «El Señor sana los corazones afligidos y les venda sus heridas. [. . .] El Señor sostiene a los humildes y humilla a los malvados hasta el polvo» (147,3.6). Así pues, la misericordia de Dios no es una idea abstracta, sino una realidad concreta con la cual Él revela su amor, que es como el de un padre o una madre que se conmueven en lo más profundo de sus entrañas por el propio hijo. Vale decir que se trata realmente de un amor "visceral". Proviene desde lo más íntimo como un sentimiento profundo, natural, hecho de ternura y compasión, de indulgencia y de perdón.

7. "Eterna es su misericordia": es el estribillo que acompaña cada verso del Salmo 136 mientras se narra la historia de la revelación de Dios. En razón de la misericordia, todas las vicisitudes del Antiguo Testamento están cargadas de un profundo valor salvífico. La misericordia hace de la historia de Dios con Israel una historia de salvación. Repetir continuamente "Eterna es su misericordia", como lo hace el Salmo, parece un intento por romper el círculo del espacio y del tiempo para introducirlo todo en el misterio eterno del amor. Es como si se quisiera decir que no solo en la historia, sino por toda la eternidad el hombre estará siempre bajo la mirada misericordiosa del Padre. No es casual que el pueblo de Israel haya querido integrar este Salmo, el grande *hallel* como es conocido, en las fiestas litúrgicas más importantes.

Antes de la Pasión Jesús oró con este Salmo de la misericordia. Lo atestigua el evangelista Mateo cuando dice que «después de haber cantado el himno» (26,30), Jesús con sus discípulos salieron hacia el Monte de los Olivos. Mientras instituía la Eucaristía, como memorial perenne de Él y de su Pascua, puso simbólicamente este acto supremo de la Revelación a la luz de la misericordia. En este mismo horizonte de la misericordia, Jesús vivió su pasión y muerte, consciente del gran misterio del amor de Dios que se habría de cumplir en la cruz. Saber que Jesús mismo hizo oración con este Salmo, lo hace para nosotros los cristianos aún más importante y nos compromete a incorporar este estribillo en nuestra oración de alabanza cotidiana: "Eterna es su misericordia".

8. Con la mirada fija en Jesús y en su rostro misericordioso podemos percibir el amor de la Santísima Trinidad. La misión que Jesús ha recibido del Padre ha sido la de revelar el misterio del amor divino en plenitud. «Dios es amor» (1 Jn 4,8.16), afirma por la primera y única vez en toda la Sagrada Escritura el evangelista Juan. Este amor se ha hecho ahora visible y tangible en toda la vida de Jesús. Su persona no es otra cosa sino amor. Un amor que se dona gratuitamente. Sus relaciones con las personas que se le acercan dejan ver algo

único e irrepetible. Los signos que realiza, sobre todo hacia los pecadores, hacia las personas pobres, excluidas, enfermas y sufrientes llevan consigo el distintivo de la misericordia. En Él todo habla de misericordia. Nada en Él es falto de compasión.

Jesús, ante la multitud de personas que lo seguían, viendo que estaban cansadas y extenuadas, perdidas y sin guía, sintió desde lo profundo del corazón una intensa compasión por ellas (cfr Mt 9,36). A causa de este amor compasivo curó los enfermos que le presentaban (cfr Mt 14,14) y con pocos panes y peces calmó el hambre de grandes muchedumbres (cfr Mt 15,37). Lo que movía a Jesús en todas las circunstancias no era sino la misericordia, con la cual leía el corazón de los interlocutores y respondía a sus necesidades más reales. Cuando encontró la viuda de Naim, que llevaba su único hijo al sepulcro, sintió gran compasión por el inmenso dolor de la madre en lágrimas, y le devolvió a su hijo resucitándolo de la muerte (cfr Lc 7,15). Después de haber liberado el endemoniado de Gerasa, le confía esta misión: «Anuncia todo lo que el Señor te ha hecho y la misericordia que ha obrado contigo» (Mc 5,19). También la vocación de Mateo se coloca en el horizonte de la misericordia. Pasando delante del banco de los impuestos, los ojos de Jesús se posan sobre los de Mateo. Era una mirada cargada de misericordia que perdonaba los pecados de aquel hombre y, venciendo la resistencia de los otros discípulos, lo escoge a él, el pecador y publicano, para que sea uno de los Doce. San Beda el Venerable, comentando esta escena del Evangelio, escribió que Jesús miró a Mateo con amor misericordioso y lo eligió: *miserando atque eligendo*.[7] Siempre me ha cautivado esta expresión, tanto que quise hacerla mi propio lema.

9. En las parábolas dedicadas a la misericordia, Jesús revela la naturaleza de Dios como la de un Padre que jamás se da por vencido hasta tanto no haya disuelto el pecado y superado el rechazo con la compasión y la misericordia. Conocemos estas parábolas; tres en particular: la de la oveja perdida y de la moneda extraviada, y la del padre y los dos hijos (cfr Lc 15,1–32). En estas parábolas, Dios es presentado siempre lleno de alegría, sobre todo

cuando perdona. En ellas encontramos el núcleo del Evangelio y de nuestra fe, porque la misericordia se muestra como la fuerza que todo vence, que llena de amor el corazón y que consuela con el perdón.

De otra parábola, además, podemos extraer una enseñanza para nuestro estilo de vida cristiano. Provocado por la pregunta de Pedro acerca de cuántas veces fuese necesario perdonar, Jesús responde: «No te digo hasta siete, sino hasta setenta veces siete» (Mt 18,22) y pronunció la parábola del "siervo despiadado". Este, llamado por el patrón a restituir una grande suma, le suplica de rodillas y el patrón le condona la deuda. Pero inmediatamente encuentra otro siervo como él que le debía unos pocos centésimos, el cual le suplica de rodillas que tenga piedad, pero él se niega y lo hace encarcelar. Entonces el patrón, advertido del hecho, se irrita mucho y volviendo a llamar aquel siervo le dice: «¿No debías también tú tener compasión de tu compañero, como yo me compadecí de ti?» (Mt 18,33). Y Jesús concluye: «Lo mismo hará también mi Padre celestial con ustedes, si no perdonan de corazón a sus hermanos» (Mt 18,35).

La parábola ofrece una profunda enseñanza a cada uno de nosotros. Jesús afirma que la misericordia no es solo el obrar del Padre, sino que ella se convierte en el criterio para saber quiénes son realmente sus verdaderos hijos. Así entonces, estamos llamados a vivir de misericordia, porque a nosotros en primer lugar se nos ha aplicado misericordia. El perdón de las ofensas deviene la expresión más evidente del amor misericordioso y para nosotros cristianos es un imperativo del que no podemos prescindir. ¡Cómo es difícil muchas veces perdonar! Y, sin embargo, el perdón es el instrumento puesto en nuestras frágiles manos para alcanzar la serenidad del corazón. Dejar caer el rencor, la rabia, la violencia y la venganza son condiciones necesarias para vivir felices. Acojamos entonces la exhortación del Apóstol: «No permitan que la noche los sorprenda enojados» (Ef 4,26). Y sobre todo escuchemos la palabra de Jesús que ha señalado la misericordia como ideal de vida y como criterio de credibilidad de nuestra fe. «Dichosos los misericordiosos, porque encontrarán misericordia» (Mt 5,7) es la bienaventuranza en la que hay que inspirarse durante este Año Santo.

Como se puede notar, la misericordia en la Sagrada Escritura es la palabra clave para indicar el actuar de Dios hacia nosotros. Él no se limita a afirmar su amor, sino que lo hace visible y tangible. El amor, después de todo, nunca podrá ser una palabra abstracta. Por su misma naturaleza es vida concreta: intenciones, actitudes, comportamientos que se verifican en el vivir cotidiano. La misericordia de Dios es su responsabilidad por nosotros. Él se siente responsable, es decir, desea nuestro bien y quiere vernos felices, colmados de alegría y serenos. Es sobre esta misma amplitud de onda que se debe orientar el amor misericordioso de los cristianos. Como ama el Padre, así aman los hijos. Como Él es misericordioso, así estamos nosotros llamados a ser misericordiosos los unos con los otros.

10. La misericordia es la viga maestra que sostiene la vida de la Iglesia. Todo en su acción pastoral debería estar revestido por la ternura con la que se dirige a los creyentes; nada en su anuncio y en su testimonio hacia el mundo puede carecer de mise-

ricordia. La credibilidad de la Iglesia pasa a través del camino del amor misericordioso y compasivo. La Iglesia «vive un deseo inagotable de brindar misericordia».[8] Tal vez por mucho tiempo nos hemos olvidado de indicar y de andar por la vía de la misericordia. Por una parte, la tentación de pretender siempre y solamente la justicia ha hecho olvidar que ella es el primer paso, necesario e indispensable; la Iglesia no obstante necesita ir más lejos para alcanzar una meta más alta y más significativa. Por otra parte, es triste constatar cómo la experiencia del perdón en nuestra cultura se desvanece cada vez más. Incluso la palabra misma en algunos momentos parece evaporarse. Sin el testimonio del perdón, sin embargo, queda solo una vida infecunda y estéril, como si se viviese en un desierto desolado. Ha llegado de nuevo para la Iglesia el tiempo de encargarse del anuncio alegre del perdón. Es el tiempo de retornar a lo esencial para hacernos cargo de las debilidades y dificultades de nuestros hermanos. El perdón es una fuerza que resucita a una vida nueva e infunde el valor para mirar el futuro con esperanza.

11. No podemos olvidar la gran enseñanza que san Juan Pablo II ofreció en su segunda encíclica *Dives in misericordia*, que en su momento llegó sin ser esperada y tomó a muchos por sorpresa en razón del tema que afrontaba. Dos pasajes en particular quiero recordar. Ante todo, el santo Papa hacía notar el olvido del tema de la misericordia en la cultura presente: «La mentalidad contemporánea, quizás en mayor medida que la del hombre del pasado, parece oponerse al Dios de la misericordia y tiende además a orillar de la vida y arrancar del corazón humano la idea misma de la misericordia. La palabra y el concepto de misericordia parecen producir una cierta desazón en el hombre, quien, gracias a los adelantos tan enormes de la ciencia y de la técnica, como nunca fueron conocidos antes en la historia, se ha hecho dueño y ha dominado la tierra mucho más que en el pasado (cfr Gn 1,28). Tal dominio sobre la tierra, entendido tal vez unilateral y superficialmente, parece no dejar espacio a la misericordia . . . Debido a esto, en la situación actual de la Iglesia y del mundo, muchos hombres y muchos ambientes guiados por un vivo sentido

de fe se dirigen, yo diría casi espontáneamente, a la misericordia de Dios».[9]

Además, san Juan Pablo II motivaba con estas palabras la urgencia de anunciar y testimoniar la misericordia en el mundo contemporáneo: «Ella está dictada por el amor al hombre, a todo lo que es humano y que, según la intuición de gran parte de los contemporáneos, está amenazado por un peligro inmenso. El misterio de Cristo . . . me obliga al mismo tiempo a proclamar la misericordia como amor compasivo de Dios, revelado en el mismo misterio de Cristo. Ello me obliga también a recurrir a tal misericordia y a implorarla en esta difícil, crítica fase de la historia de la Iglesia y del mundo».[10] Esta enseñanza es hoy más que nunca actual y merece ser retomada en este Año Santo. Acojamos nuevamente sus palabras: «La Iglesia vive una vida auténtica, cuando profesa y proclama la misericordia—el atributo más estupendo del Creador y del Redentor—y cuando acerca a los hombres a las fuentes de la misericordia del Salvador, de las que es depositaria y dispensadora».[11]

12. La Iglesia tiene la misión de anunciar la misericordia de Dios, corazón palpitante del Evangelio, que por su medio debe alcanzar la mente y el corazón de toda persona. La Esposa de Cristo hace suyo el comportamiento del Hijo de Dios que sale a encontrar a todos, sin excluir ninguno. En nuestro tiempo, en el que la Iglesia está comprometida en la nueva evangelización, el tema de la misericordia exige ser propuesto una vez más con nuevo entusiasmo y con una renovada acción pastoral. Es determinante para la Iglesia y para la credibilidad de su anuncio que ella viva y testimonie en primera persona la misericordia. Su lenguaje y sus gestos deben transmitir misericordia para penetrar en el corazón de las personas y motivarlas a reencontrar el camino de vuelta al Padre.

La primera verdad de la Iglesia es el amor de Cristo. De este amor, que llega hasta el perdón y al don de sí, la Iglesia se hace sierva y mediadora ante los hombres. Por tanto, donde la Iglesia esté presente, allí debe ser evidente la misericordia del Padre. En nuestras parroquias, en las comunidades, en las asociaciones y movimientos, en fin, dondequiera que haya cristianos, cualquiera debería poder encontrar un oasis de misericordia.

13. Queremos vivir este Año Jubilar a la luz de la palabra del Señor: *Misericordiosos como el Padre.* El evangelista refiere la enseñanza de Jesús: «Sed misericordiosos, como el Padre vuestro es misericordioso» (Lc 6,36). Es un programa de vida tan comprometedor como rico de alegría y de paz. El imperativo de Jesús se dirige a cuantos escuchan su voz (cfr Lc 6,27). Para ser capaces de misericordia, entonces, debemos en primer lugar colocarnos a la escucha de la Palabra de Dios. Esto significa recuperar el valor del silencio para meditar la Palabra que se nos dirige. De este modo es posible contemplar la misericordia de Dios y asumirla como propio estilo de vida.

14. La *peregrinación* es un signo peculiar en el Año Santo, porque es imagen del camino que cada persona realiza en su existencia. La vida es una peregrinación y el ser humano es *viator*, un peregrino que recorre su camino hasta alcanzar la meta anhelada. También para llegar a la Puerta

Santa en Roma y en cualquier otro lugar, cada uno deberá realizar, de acuerdo con las propias fuerzas, una peregrinación. Esto será un signo del hecho que también la misericordia es una meta por alcanzar y que requiere compromiso y sacrificio. La peregrinación, entonces, sea estímulo para la conversión: atravesando la Puerta Santa nos dejaremos abrazar por la misericordia de Dios y nos comprometeremos a ser misericordiosos con los demás como el Padre lo es con nosotros.

El Señor Jesús indica las etapas de la peregrinación mediante la cual es posible alcanzar esta meta: «No juzguéis y no seréis juzgados; no condenéis y no seréis condenados; perdonad y seréis perdonados. Dad y se os dará: una medida buena, apretada, remecida, rebosante pondrán en el halda de vuestros vestidos. Porque seréis medidos con la medida que midáis» (Lc 6,37–38). Dice, ante todo, *no juzgar* y *no condenar*. Si no se quiere incurrir en el juicio de Dios, nadie puede convertirse en el juez del propio hermano. Los hombres ciertamente con sus juicios se detienen en la superficie, mientras el Padre mira el interior. ¡Cuánto mal hacen las palabras cuando están motivadas por sentimientos de celos y envidia! Hablar mal del propio hermano en su ausencia equivale a exponerlo al descrédito, a comprometer su reputación y a dejarlo a merced del chisme. No juzgar y no condenar significa, en positivo, saber percibir lo que de bueno hay en cada persona y no permitir que deba sufrir por nuestro juicio parcial y por nuestra presunción de saberlo todo. Sin embargo, esto no es todavía suficiente para manifestar la misericordia. Jesús pide también *perdonar* y *dar*. Ser instrumentos del perdón, porque hemos sido los primeros en haberlo recibido de Dios. Ser generosos con todos sabiendo que también Dios dispensa sobre nosotros su benevolencia con magnanimidad.

Así entonces, *misericordiosos como el Padre* es el "lema" del Año Santo. En la misericordia tenemos la prueba de cómo Dios ama. Él da todo sí mismo, por siempre, gratuitamente y sin pedir nada a cambio. Viene en nuestra ayuda cuando lo invocamos. Es bello que la oración cotidiana de la Iglesia inicie con estas palabras: «Dios mío, ven en mi auxilio; Señor, date prisa en socorrerme» (Sal 70,2). El auxilio que invocamos es ya el primer paso de la misericordia de Dios hacia nosotros. Él viene a salvarnos de la condición de debilidad en la que vivimos. Y su auxilio consiste en permitirnos captar su presencia y cercanía. Día tras día, tocados por su compasión, también nosotros llegaremos a ser compasivos con todos.

15. En este Año Santo, podremos realizar la experiencia de abrir el corazón a cuantos viven en las más contradictorias periferias existenciales, que con frecuencia el mundo moderno dramáticamente crea. ¡Cuántas situaciones de precariedad y sufrimiento existen en el mundo hoy! Cuántas heridas sellan la carne de muchos que no tienen voz porque su grito se ha debilitado y silenciado a causa de la indiferencia de los pueblos ricos. En este Jubileo la Iglesia será llamada a curar aún más estas heridas, a aliviarlas con el óleo de la consolación, a vendarlas con la misericordia y a curarlas con la solidaridad y la debida atención. No caigamos en la indiferencia que humilla, en la habitualidad que anestesia el ánimo e impide descubrir la novedad, en el cinismo que destruye. Abramos nuestros ojos para mirar las miserias del mundo,

las heridas de tantos hermanos y hermanas privados de la dignidad, y sintámonos provocados a escuchar su grito de auxilio. Nuestras manos estrechen sus manos, y acerquémoslos a nosotros para que sientan el calor de nuestra presencia, de nuestra amistad y de la fraternidad. Que su grito se vuelva el nuestro y juntos podamos romper la barrera de la indiferencia que suele reinar campante para esconder la hipocresía y el egoísmo.

Es mi vivo deseo que el pueblo cristiano reflexione durante el Jubileo sobre las *obras de misericordia corporales y espirituales.* Será un modo para despertar nuestra conciencia, muchas veces aletargada ante el drama de la pobreza, y para entrar todavía más en el corazón del Evangelio, donde los pobres son los privilegiados de la misericordia divina. La predicación de Jesús nos presenta estas obras de misericordia para que podamos darnos cuenta si vivimos o no como discípulos suyos. Redescubramos las *obras de misericordia corporales:* dar de comer al hambriento, dar de beber al sediento, vestir al desnudo, acoger al forastero, asistir los enfermos, visitar a los presos, enterrar a los muertos. Y no olvidemos las *obras de*

misericordia espirituales: dar consejo al que lo necesita, enseñar al que no sabe, corregir al que
yerra, consolar al triste, perdonar las ofensas, soportar con paciencia las personas molestas, rogar
a Dios por los vivos y por los difuntos.

No podemos escapar a las palabras del Señor
y en base a ellas seremos juzgados: si dimos de
comer al hambriento y de beber al sediento. Si
acogimos al extranjero y vestimos al desnudo. Si
dedicamos tiempo para acompañar al que estaba
enfermo o prisionero (cfr Mt 25,31–45). Igual-
mente se nos preguntará si ayudamos a superar la
duda, que hace caer en el miedo y en ocasiones es
fuente de soledad; si fuimos capaces de vencer la
ignorancia en la que viven millones de personas,
sobre todo los niños privados de la ayuda necesaria para ser rescatados de la pobreza; si fuimos capaces de ser cercanos a quien estaba solo y afligido;
si perdonamos a quien nos ofendió y rechazamos
cualquier forma de rencor o de odio que conduce
a la violencia; si tuvimos paciencia siguiendo el
ejemplo de Dios que es tan paciente con nosotros;
finalmente, si encomendamos al Señor en la oración nuestros hermanos y hermanas. En cada uno

de estos "más pequeños" está presente Cristo mismo. Su carne se hace de nuevo visible como cuerpo martirizado, llagado, flagelado, desnutrido, en fuga . . . para que nosotros los reconozcamos, lo toquemos y lo asistamos con cuidado. No olvidemos las palabras de san Juan de la Cruz: «En el ocaso de nuestras vidas, seremos juzgados en el amor».[12]

16. En el Evangelio de Lucas encontramos otro aspecto importante para vivir con fe el Jubileo. El evangelista narra que Jesús, un sábado, volvió a Nazaret y, como era costumbre, entró en la Sinagoga. Lo llamaron para que leyera la Escritura y la comentara. El paso era el del profeta Isaías donde está escrito: «El Espíritu del Señor está sobre mí, porque me ha ungido para anunciar a los pobres la Buena Nueva, me ha enviado a proclamar la liberación a los cautivos y la vista a los ciegos, para dar la libertad a los oprimidos y proclamar un año de gracia del Señor» (61,1–2). "Un año de gracia": es esto lo que el Señor anuncia y lo que deseamos vivir. Este Año Santo lleva consigo la riqueza de la misión de Jesús que resuena en las

palabras del Profeta: llevar una palabra y un gesto de consolación a los pobres, anunciar la liberación a cuantos están prisioneros de las nuevas esclavitudes de la sociedad moderna, restituir la vista a quien no puede ver más porque se ha replegado sobre sí mismo, y volver a dar dignidad a cuantos han sido privados de ella. La predicación de Jesús se hace de nuevo visible en las respuestas de fe que el testimonio de los cristianos está llamado a ofrecer. Nos acompañen las palabras del Apóstol: «El que practica misericordia, que lo haga con alegría» (Rm 12,8).

17. La Cuaresma de este Año Jubilar sea vivida con mayor intensidad, como momento fuerte para celebrar y experimentar la misericordia de Dios. ¡Cuántas páginas de la Sagrada Escritura pueden ser meditadas en las semanas de Cuaresma para redescubrir el rostro misericordioso del Padre! Con las palabras del profeta Miqueas también nosotros podemos repetir: Tú, oh Señor, eres un Dios que cancelas la iniquidad y perdonas el pecado, que no mantienes para siempre tu cólera, pues amas la misericordia. Tú, Señor, volverás a

compadecerte de nosotros y a tener piedad de tu pueblo. Destruirás nuestras culpas y arrojarás en el fondo del mar todos nuestros pecados (cfr 7,18–19).

Las páginas del profeta Isaías podrán ser meditadas con mayor atención en este tiempo de oración, ayuno y caridad: «Este es el ayuno que yo deseo: soltar las cadenas injustas, desatar los lazos del yugo, dejar en libertad a los oprimidos y romper todos los yugos; compartir tu pan con el hambriento y albergar a los pobres sin techo; cubrir al que veas desnudo y no abandonar a tus semejantes. Entonces despuntará tu luz como la aurora y tu herida se curará rápidamente; delante de ti avanzará tu justicia y detrás de ti irá la gloria del Señor. Entonces llamarás, y el Señor responderá; pedirás auxilio, y él dirá: "¡Aquí estoy!". Si eliminas de ti todos los yugos, el gesto amenazador y la palabra maligna; si partes tu pan con el hambriento y sacias al afligido de corazón, tu luz se alzará en las tinieblas y tu oscuridad será como al mediodía. El Señor te guiará incesantemente, te saciará en los ardores del desierto y llenará tus huesos de vigor; tú serás como un jardín bien regado, como una vertiente de agua, cuyas aguas nunca se agotan» (58,6–11).

La iniciativa *"24 horas para el Señor"*, a celebrarse durante el viernes y sábado que anteceden el IV domingo de Cuaresma, se incremente en las Diócesis. Muchas personas están volviendo a acercarse al sacramento de la Reconciliación y entre ellas muchos jóvenes, quienes en una experiencia semejante suelen reencontrar el camino para volver al Señor, para vivir un momento de intensa oración y redescubrir el sentido de la propia vida. De nuevo ponemos convencidos en el centro el sacramento de la Reconciliación, porque nos permite experimentar en carne propia la grandeza de la misericordia. Será para cada penitente fuente de verdadera paz interior.

Nunca me cansaré de insistir en que los confesores sean un verdadero signo de la misericordia del Padre. Ser confesores no se improvisa. Se llega a serlo cuando, ante todo, nos hacemos nosotros penitentes en busca de perdón. Nunca olvidemos que ser confesores significa participar de la misma misión de Jesús y ser signo concreto de la continuidad de un amor divino que perdona y que salva. Cada uno de nosotros ha recibido el don del Espíritu Santo para el perdón de los pecados, de esto somos responsables. Ninguno de nosotros es dueño del Sacramento, sino fiel servidor del perdón de Dios. Cada confesor deberá acoger a los fieles como el padre en la parábola del hijo pródigo: un padre que corre al encuentro del hijo no obstante hubiese dilapidado sus bienes. Los confesores están llamados a abrazar ese hijo arrepentido que vuelve a casa y a manifestar la alegría por haberlo encontrado. No se cansarán de salir al encuentro también del otro hijo que se quedó afuera, incapaz de alegrarse, para explicarle que su juicio severo es injusto y no tiene ningún sentido ante la misericordia del Padre que no conoce confines. No harán preguntas impertinentes, sino como el padre de la parábola interrumpirán el discurso preparado por el hijo pródigo, porque serán capaces de percibir en el corazón de cada penitente la invocación de ayuda y la súplica de perdón. En fin, los confesores están llamados a ser siempre, en todas partes, en cada situación y a pesar de todo, el signo del primado de la misericordia.

18. Durante la Cuaresma de este Año Santo tengo la intención de enviar los *Misioneros de la Misericordia*. Serán un signo de la solicitud materna de la Iglesia por el Pueblo de Dios, para que entre en profundidad en la riqueza de este misterio tan fundamental para la fe. Serán sacerdotes a los cuales daré la autoridad de perdonar también los pecados que están reservados a la Sede Apostólica, para que se haga evidente la amplitud de su mandato. Serán, sobre todo, signo vivo de cómo el Padre acoge cuantos están en busca de su perdón. Serán misioneros de la misericordia porque serán los artífices ante todos de un encuentro cargado de humanidad, fuente de liberación, rico de responsabilidad, para superar los obstáculos y retomar la vida nueva del Bautismo. Se dejarán conducir en su misión por las palabras del Apóstol: «Dios sometió a todos a la desobediencia, para tener misericordia de todos» (Rm 11,32). Todos entonces, sin excluir a nadie, están llamados a percibir el llamamiento a la misericordia. Los misioneros vivan esta llamada conscientes de poder fijar la mirada sobre Jesús, «sumo sacerdote misericordioso y digno de fe» (Hb 2,17).

Pido a los hermanos Obispos que inviten y acojan estos Misioneros, para que sean ante todo predicadores convincentes de la misericordia. Se organicen en las Diócesis "misiones para el pueblo" de modo que estos Misioneros sean anunciadores de la alegría del perdón. Se les pida celebrar el sacramento de la Reconciliación para los fieles, para que el tiempo de gracia donado en el Año Jubilar permita a tantos hijos alejados encontrar el camino de regreso hacia la casa paterna. Los Pastores, especialmente durante el tiempo fuerte de Cuaresma, sean solícitos en invitar a los fieles a acercarse «al trono de la gracia, a fin de obtener misericordia y alcanzar la gracia» (Hb 4,16).

19. La palabra del perdón pueda llegar a todos y la llamada a experimentar la misericordia no deje a ninguno indiferente. Mi invitación a la conversión se dirige con mayor insistencia a aquellas personas que se encuentran lejanas de la gracia de Dios debido a su conducta de vida. Pienso en modo particular a los hombres y mujeres que pertenecen a algún grupo criminal, cualquiera que éste sea. Por vuestro bien, os pido cambiar de

vida. Os lo pido en el nombre del Hijo de Dios que si bien combate el pecado nunca rechaza a ningún pecador. No caigáis en la terrible trampa de pensar que la vida depende del dinero y que ante él todo el resto se vuelve carente de valor y dignidad. Es solo una ilusión. No llevamos el dinero con nosotros al más allá. El dinero no nos da la verdadera felicidad. La violencia usada para amasar fortunas que escurren sangre no convierte a nadie en poderoso ni inmortal. Para todos, tarde o temprano, llega el juicio de Dios al cual ninguno puede escapar.

La misma llamada llegue también a todas las personas promotoras o cómplices de corrupción. Esta llaga putrefacta de la sociedad es un grave pecado que grita hacia el cielo pues mina desde sus fundamentos la vida personal y social. La corrupción impide mirar el futuro con esperanza porque con su prepotencia y avidez destruye los proyectos de los débiles y oprime a los más pobres. Es un mal que se anida en gestos cotidianos para expandirse luego en escándalos públicos. La corrupción es una obstinación en el pecado, que pretende sustituir a Dios con la ilusión del dinero como forma de poder. Es una obra de las tinieblas, sostenida por la sospecha y la intriga. *Corruptio optimi pessima,* decía con razón san Gregorio Magno, para indicar que ninguno puede sentirse inmune de esta tentación. Para erradicarla de la vida personal y social son necesarias prudencia, vigilancia, lealtad, transparencia, unidas al coraje de la denuncia. Si no se la combate abiertamente, tarde o temprano busca cómplices y destruye la existencia.

¡Este es el tiempo oportuno para cambiar de vida! Este es el tiempo para dejarse tocar el corazón. Ante el mal cometido, incluso crímenes graves, es el momento de escuchar el llanto de todas las personas inocentes depredadas de los bienes, la dignidad, los afectos, la vida misma. Permanecer en el camino del mal es sólo fuente de ilusión y de tristeza. La verdadera vida es algo bien distinto. Dios no se cansa de tender la mano. Está dispuesto a escuchar, y también yo lo estoy, al igual que mis hermanos obispos y sacerdotes. Basta solamente que acojáis la llamada a la conversión y os sometáis a la justicia mientras la Iglesia os ofrece misericordia.

20. No será inútil en este contexto recordar la relación existente entre *justicia y misericordia*. No son dos momentos contrastantes entre sí, sino dos dimensiones de una única realidad que se desarrolla progresivamente hasta alcanzar su ápice en la plenitud del amor. La justicia es un concepto fundamental para la sociedad civil cuando, normalmente, se hace referencia a un orden jurídico a través del cual se aplica la ley. Con la justicia se entiende también que a cada uno se debe dar lo que le es debido. En la Biblia, muchas veces se hace referencia a la justicia divina y a Dios como juez. Generalmente es entendida como la observación integral de la ley y como el comportamiento de todo buen israelita conforme a los mandamientos dados por Dios. Esta visión, sin embargo, ha conducido no pocas veces a caer en el legalismo, falsificando su sentido originario y oscureciendo el profundo valor que la justicia tiene. Para superar la perspectiva legalista, sería necesario recordar que en la Sagrada Escritura la justicia es concebida esencialmente como un abandonarse confiado en la voluntad de Dios.

Por su parte, Jesús habla muchas veces de la

importancia de la fe, más bien que de la observancia de la ley. Es en este sentido que debemos comprender sus palabras cuando estando a la mesa con Mateo y otros publicanos y pecadores, dice a los fariseos que le replicaban: «Vayan y aprendan qué significa: Yo quiero misericordia y no sacrificios. Porque yo no he venido a llamar a los justos, sino a los pecadores» (Mt 9,13). Ante la visión de una justicia como mera observancia de la ley que juzga, dividiendo las personas en justos y pecadores, Jesús se inclina a mostrar el gran don de la misericordia que busca a los pecadores para ofrecerles el perdón y la salvación. Se comprende por qué, en presencia de una perspectiva tan liberadora y fuente de renovación, Jesús haya sido rechazado por los fariseos y por los doctores de la ley. Estos, para ser fieles a la ley, ponían solo pesos sobre las espaldas de las personas, pero así frustraban la misericordia del Padre. El reclamo a observar la ley no puede obstaculizar la atención a las necesidades que tocan la dignidad de las personas.

Al respecto es muy significativa la referencia que Jesús hace al profeta Oseas—«yo quiero amor, no sacrificio» (6,6). Jesús afirma que de ahora en adelante la regla de vida de sus discípulos deberá ser la que da el primado a la misericordia, como Él mismo testimonia compartiendo la mesa con los pecadores. La misericordia, una vez más, se revela como dimensión fundamental de la misión de Jesús. Ella es un verdadero reto para sus interlocutores que se detienen en el respeto formal de la ley. Jesús, en cambio, va más allá de la ley; su compartir con aquellos que la ley consideraba pecadores permite comprender hasta dónde llega su misericordia.

También el Apóstol Pablo hizo un recorrido parecido. Antes de encontrar a Jesús en el camino a Damasco, su vida estaba dedicada a perseguir de manera irreprensible la justicia de la ley (cfr Flp 3,6). La conversión a Cristo lo condujo a ampliar su visión precedente al punto que en la carta a los Gálatas afirma: «Hemos creído en Jesucristo, para ser justificados por la fe de Cristo y no por las obras de la Ley» (2,16). Su comprensión de la justicia ha cambiado ahora radicalmente. Pablo pone en primer lugar la fe y no más la ley. No es la observancia de la ley lo que salva, sino la fe en Jesucristo, que con su muerte y resurrección trae la salvación junto con la misericordia que justifica. La justicia de Dios se convierte ahora en liberación para cuantos están oprimidos por la esclavitud del pecado y sus consecuencias. La justicia de Dios es su perdón (cfr Sal 51,11–16).

21. La misericordia no es contraria a la justicia sino que expresa el comportamiento de Dios hacia el pecador, ofreciéndole una ulterior posibilidad para examinarse, convertirse y creer. La experiencia del profeta Oseas viene en nuestra ayuda para mostrarnos la superación de la justicia en dirección hacia la misericordia. La época de este profeta se cuenta entre las más dramáticas de la historia del pueblo hebreo. El Reino está cercano de la destrucción; el pueblo no ha permanecido fiel a la alianza, se ha alejado de Dios y ha perdido la fe de los Padres. Según una lógica humana, es justo que Dios piense en rechazar el pueblo infiel: no ha observado el pacto establecido y por tanto merece la pena correspondiente, el exilio. Las palabras del profeta lo atestiguan: «Volverá al país de Egipto, y Asur será su rey, porque se han negado a convertirse» (Os 11,5). Y sin embargo, después de esta

reacción que apela a la justicia, el profeta modifica radicalmente su lenguaje y revela el verdadero rostro de Dios: «Mi corazón se convulsiona dentro de mí, y al mismo tiempo se estremecen mis entrañas. No daré curso al furor de mi cólera, no volveré a destruir a Efraín, porque soy Dios, no un hombre; el Santo en medio de ti y no es mi deseo aniquilar» (11,8–9). San Agustín, como comentando las palabras del profeta dice: «Es más fácil que Dios contenga la ira que la misericordia».[13] Es precisamente así. La ira de Dios dura un instante, mientras que su misericordia dura eternamente.

Si Dios se detuviera en la justicia dejaría de ser Dios, sería como todos los hombres que invocan respeto por la ley. La justicia por sí misma no basta, y la experiencia enseña que apelando solamente a ella se corre el riesgo de destruirla. Por esto Dios va más allá de la justicia con la misericordia y el perdón. Esto no significa restarle valor a la justicia o hacerla superflua, al contrario. Quien se equivoca deberá expiar la pena. Solo que este no es el fin, sino el inicio de la conversión, porque se experimenta la ternura del perdón. Dios no rechaza la justicia. Él la engloba y la supera en un evento superior donde se experimenta el amor que está a la base de una verdadera justicia. Debemos prestar mucha atención a cuanto escribe Pablo para no caer en el mismo error que el Apóstol reprochaba a sus contemporáneos judíos: «Desconociendo la justicia de Dios y empeñándose en establecer la suya propia, no se sometieron a la justicia de Dios. Porque el fin de la ley es Cristo, para justificación de todo el que cree» (Rm 10,3–4). Esta justicia de Dios es la misericordia concedida a todos como gracia en razón de la muerte y resurrección de Jesucristo. La Cruz de Cristo, entonces, es el juicio de Dios sobre todos nosotros y sobre el mundo, porque nos ofrece la certeza del amor y de la vida nueva.

22. El Jubileo lleva también consigo la referencia a la *indulgencia*. En el Año Santo de la Misericordia ella adquiere una relevancia particular. El perdón de Dios por nuestros pecados no conoce límites. En la muerte y resurrección de Jesucristo, Dios hace evidente este amor que es capaz incluso de destruir el pecado de los hombres. Dejarse reconciliar con Dios es posible por medio del mis-

terio pascual y de la mediación de la Iglesia. Así entonces, Dios está siempre disponible al perdón y nunca se cansa de ofrecerlo de manera siempre nueva e inesperada. Todos nosotros, sin embargo, vivimos la experiencia del pecado. Sabemos que estamos llamados a la perfección (cfr Mt 5,48), pero sentimos fuerte el peso del pecado. Mientras percibimos la potencia de la gracia que nos transforma, experimentamos también la fuerza del pecado que nos condiciona. No obstante el perdón, llevamos en nuestra vida las contradicciones que son consecuencia de nuestros pecados. En el sacramento de la Reconciliación Dios perdona los pecados, que realmente quedan cancelados; y sin embargo, la huella negativa que los pecados dejan en nuestros comportamientos y en nuestros pensamientos permanece. La misericordia de Dios es incluso más fuerte que esto. Ella se transforma en *indulgencia* del Padre que a través de la Esposa de Cristo alcanza al pecador perdonado y lo libera de todo residuo, consecuencia del pecado, habilitándolo a obrar con caridad, a crecer en el amor más bien que a recaer en el pecado.

La Iglesia vive la comunión de los Santos. En

la Eucaristía esta comunión, que es don de Dios, actúa como unión espiritual que nos une a los creyentes con los Santos y los Beatos cuyo número es incalculable (cfr Ap 7,4). Su santidad viene en ayuda de nuestra fragilidad, y así la Madre Iglesia es capaz con su oración y su vida de ir al encuentro de la debilidad de unos con la santidad de otros. Vivir entonces la indulgencia en el Año Santo significa acercarse a la misericordia del Padre con la certeza que su perdón se extiende sobre toda la vida del creyente. Indulgencia es experimentar la santidad de la Iglesia que participa a todos de los beneficios de la redención de Cristo, para que el perdón sea extendido hasta las extremas consecuencias a la cual llega el amor de Dios. Vivamos intensamente el Jubileo pidiendo al Padre el perdón de los pecados y la dispensación de su indulgencia misericordiosa.

23. La misericordia posee un valor que sobrepasa los confines de la Iglesia. Ella nos relaciona con el judaísmo y el islam, que la consideran uno de los atributos más calificativos de Dios. Israel primero que todo recibió esta revelación, que permanece

en la historia como el comienzo de una riqueza inconmensurable de ofrecer a la entera humanidad. Como hemos visto, las páginas del Antiguo Testamento están entretejidas de misericordia porque narran las obras que el Señor ha realizado en favor de su pueblo en los momentos más difíciles de su historia. El islam, por su parte, entre los nombres que le atribuye al Creador está el de Misericordioso y Clemente. Esta invocación aparece con frecuencia en los labios de los fieles musulmanes, que se sienten acompañados y sostenidos por la misericordia en su cotidiana debilidad. También ellos creen que nadie puede limitar la misericordia divina porque sus puertas están siempre abiertas.

Este Año Jubilar vivido en la misericordia pueda favorecer el encuentro con estas religiones y con las otras nobles tradiciones religiosas; nos haga más abiertos al diálogo para conocernos y comprendernos mejor; elimine toda forma de cerrazón y desprecio, y aleje cualquier forma de violencia y de discriminación.

24. El pensamiento se dirige ahora a la Madre de la Misericordia. La dulzura de su mirada nos

acompañe en este Año Santo, para que todos podamos redescubrir la alegría de la ternura de Dios. Ninguno como María ha conocido la profundidad del misterio de Dios hecho hombre. Todo en su vida fue plasmado por la presencia de la misericordia hecha carne. La Madre del Crucificado Resucitado entró en el santuario de la misericordia divina porque participó íntimamente en el misterio de su amor.

Elegida para ser la Madre del Hijo de Dios, María estuvo preparada desde siempre por el amor del Padre para ser *Arca de la Alianza* entre Dios y los hombres. Custodió en su corazón la divina misericordia en perfecta sintonía con su Hijo Jesús. Su canto de alabanza, en el umbral de la casa de Isabel, estuvo dedicado a la misericordia que se extiende «de generación en generación» (Lc 1,50). También nosotros estábamos presentes en aquellas palabras proféticas de la Virgen María. Esto nos servirá de consolación y de apoyo mientras atravesaremos la Puerta Santa para experimentar los frutos de la misericordia divina.

Al pie de la cruz, María junto con Juan, el discípulo del amor, es testigo de las palabras de perdón que salen de la boca de Jesús. El perdón supremo ofrecido a quien lo ha crucificado nos muestra hasta dónde puede llegar la misericordia de Dios. María atestigua que la misericordia del Hijo de Dios no conoce límites y alcanza a todos sin excluir a ninguno. Dirijamos a ella la antigua y siempre nueva oración del Salve Regina, para que nunca se canse de volver a nosotros sus ojos misericordiosos y nos haga dignos de contemplar el rostro de la misericordia, su Hijo Jesús.

Nuestra plegaria se extienda también a tantos Santos y Beatos que hicieron de la misericordia su misión de vida. En particular el pensamiento se dirige a la grande apóstol de la misericordia, santa Faustina Kowalska. Ella que fue llamada a entrar en las profundidades de la divina misericordia, interceda por nosotros y nos obtenga vivir y caminar siempre en el perdón de Dios y en la inquebrantable confianza en su amor.

25. Un Año Santo extraordinario, entonces, para vivir en la vida de cada día la misericordia que desde siempre el Padre dispensa hacia nosotros. En este Jubileo dejémonos sorprender por Dios.

Él nunca se cansa de destrabar la puerta de su corazón para repetir que nos ama y quiere compartir con nosotros su vida. La Iglesia siente la urgencia de anunciar la misericordia de Dios. Su vida es auténtica y creíble cuando con convicción hace de la misericordia su anuncio. Ella sabe que la primera tarea, sobre todo en un momento como el nuestro, lleno de grandes esperanzas y fuertes contradicciones, es la de introducir a todos en el misterio de la misericordia de Dios, contemplando el rostro de Cristo. La Iglesia está llamada a ser el primer testigo veraz de la misericordia, profesándola y viviéndola como el centro de la Revelación de Jesucristo. Desde el corazón de la Trinidad, desde la intimidad más profunda del misterio de Dios, brota y corre sin parar el gran río de la misericordia. Esta fuente nunca podrá agotarse, sin importar cuántos sean los que a ella se acerquen. Cada vez que alguien tendrá necesidad podrá venir a ella, porque la misericordia de Dios no tiene fin. Es tan insondable la profundidad del misterio que encierra, tan inagotable la riqueza que de ella proviene.

En este Año Jubilar la Iglesia se convierta en

el eco de la Palabra de Dios que resuena fuerte y decidida como palabra y gesto de perdón, de soporte, de ayuda, de amor. Nunca se canse de ofrecer misericordia y sea siempre paciente en el confortar y perdonar. La Iglesia se haga voz de cada hombre y mujer y repita con confianza y sin descanso: «Acuérdate, Señor, de tu misericordia y de tu amor; que son eternos» (Sal 25,6).

Dado en Roma, junto a San Pedro, el 11 de abril, Vigilia del Segundo Domingo de Pascua o de la Divina Misericordia, del Año del Señor 2015, tercero de mi pontificado.

Franciscus

Notas

1. Cfr Conc. Ecum. Vat. II, Const. dogm. *Dei Verbum, 4.*
2. Discurso de apertura del Conc. Ecum. Vat. II, *Gaudet Mater Ecclesia,* 11 de octubre de 1962, 2–3.
3. *Alocución en la última sesión pública,* 7 de diciembre de 1965.
4. Cfr Conc. Ecum. Vat. II, Const. dogm. *Lumen gentium,* 16; Const. past. *Gaudium et spes,* 15.

5. Santo Tomás de Aquino, *Summa Theologiae,* II–II, q. 30, a. 4.

6. XXVI domingo del tiempo ordinario. Esta colecta se encuentra ya en el Siglo VIII, entre los textos eucológicos del *Sacramentario Gelasiano* (1198).

7. Cfr *Hom.* 21: CCL 122, 149–151.

8. Exhort. ap. *Evangelii gaudium,* 24.

9. N. 2.

10. Carta Enc. *Dives in misericordia,* 15.

11. *Ibíd.,* 13.

12. *Palabras de luz y de amor,* 57.

13. *Enarr. in Ps.* 76, 11.

Índice